Le cœur au ventre

Le cœur au ventre

Nina tome 1

Suzanne Fontaine

ISBN : 978-2-9815482-0-7

Dépôt légal - Bibliothèque et Archives nationales du Québec, 2015
Dépôt légal - Bibliothèque et Archives Canada, 2015

Le livre a été publié sous les références :

ISBN numérique : 978-2-9815482-1-4

Photographie : © Élise Meloche
Mannequin : Catherine Barrette-Binette

Merci à mon merveilleux mari, sans qui je n'aurais jamais pu me consacrer à l'écriture. Avec un emploi à temps plein et deux adorables petites filles, sans son support et sa patience, je n'aurais pas pu réaliser mon rêve.

Merci à ma mère, mes sœurs, mes amies. Vous avez été mes premières lectrices, vos commentaires et encouragements m'ont aidé à ne pas lâcher.

Merci à Élise pour la merveilleuse photo couverture, tu es géniale!

Tout spécialement à toi, Sylvie Wolfe, ton soutien dans mes pires moments de doute a été vital.

Et surtout, merci à vous chers lecteurs, car sans vous, l'aventure ne vaudrait pas le coup!

Je dédie ce livre aux infirmières et aux médecins

qui consacrent leur vie à soigner et aider les autres

et ce parfois, au détriment de leur vie personnelle et de leur santé.

La nuit n'est jamais complète

Il y a toujours, puisque je le dis

Puisque je l'affirme

Au bout du chagrin

Une fenêtre ouverte

Une fenêtre éclairée

Il y a toujours un rêve qui veille

Désir à combler, faim à satisfaire

Un cœur généreux

Une main tendue, une main ouverte

Des yeux attentifs

La vie à se partager

La nuit n'est jamais complète, Paul Eluard

Prologue

San Vincente, Colombie

Mai 2000

Le voyage en avion avait été long et pénible, la nausée l'ayant mise dans un état pitoyable. Habituellement elle était bonne voyageuse, mais cette fois-ci, la grossesse compliquait un peu la donne. Elle soupira de fatigue en se calant sur la banquette de la voiture, regardant le paysage sans le voir. John lui jeta un regard désolé. Ils avaient atterri la veille à Bogota et avaient dormi dans un hôtel tout près de l'aéroport pour ensuite se taper un autre vol jusqu'à San Vicente.

Pendant un court instant, elle regretta de l'avoir suivi. Il lui fit alors un doux sourire tout en lui serrant tendrement la main et elle en oublia sa fatigue. Machinalement, elle caressa son ventre et il déposa sa main chaude sur la sienne. Elle regardait leurs mains entrelacées, rêveuse. Elle se sentait prête à tout abandonner pour lui. Elle espérait avoir une famille nombreuse, des enfants espiègles comme leur père qu'ils élèveraient dans leur immense maison à Seattle.

John C. Myers était reporter pour une des plus grandes chaînes d'information aux États-Unis. Il tentait de joindre l'utile à l'agréable en amenant sa femme avec lui à San Vicente. Le but de son voyage était d'abord professionnel, soit d'obtenir un entretien privilégié avec un porte-parole des forces armées révolutionnaires de Colombie. Il avait camouflé la vérité à sa femme, évitant de lui parler de la FARC afin de ne pas l'effrayer. Il faisait cavalier seul déterminé à rencontrer son indic d'abord, avant de revenir avec son équipe de tournage.

Ambitieux, il était déjà sur tous les fronts et recherchait cette exclusivité qui le pousserait au sommet. La situation politique de ce pays était précaire et il sentait que quelque chose de gros se préparait. À ce moment-là, il n'avait aucune raison de craindre pour sa sécurité. Il avait un contact fiable avec qui il entretenait une correspondance depuis plus d'un an. Sa femme, Nina, attendait leur premier enfant, une petite fille qui se prénommerait Sophia. Il l'avait rassurée, ils ne seraient en Colombie que deux jours. Elle l'attendrait à l'hôtel et ensuite, ils s'envoleraient pour l'île de Margarita au Venezuela, petit paradis où ils avaient passé leur lune de miel deux ans plus tôt.

John adorait sa profession, il aimait le danger et aller au-delà de ses limites constamment. Mais cette fois-ci, il avait mal évalué la mission qu'il s'était fixée et cela allait changer leurs vies à jamais. Peu de temps après leur arrivée à l'hôtel, il appela son indicateur afin de l'aviser de son arrivée. John parlait couramment l'espagnol. Il obtint un rendez-vous le lendemain matin et nota l'adresse sur un bout de papier. Nina ne connaissant pas les détails de son plan, elle croyait innocemment qu'il allait rencontrer le maire de San Vicente. Ce soir-là, ils firent l'amour tout doucement. Il quitta la chambre très tôt, fit attention pour ne pas la réveiller et lui laissa une note lui disant qu'il serait de retour en fin de journée.

Il sortit de la ville sans problèmes suivant les indications qu'il avait notées. Le paysage devint rapidement sauvage et la route de plus en plus accidentée. Il tourna à droite sur le chemin indiqué et coupa le moteur de sa jeep de location. L'état délabré des lieux était préoccupant, mais il était de nature aventureuse. Il y avait un vieux camion dans la cour. Lorsqu'il frappa à la porte, un homme lui ouvrit et l'invita à entrer. On lui assena alors plusieurs coups à la tête. Quelque temps plus tard, il se réveilla, ligoté de toute part sur la terre battue. Ils l'enroulèrent, dans ce qu'il devina être un tapis, tellement poussiéreux, qu'il en suffoqua. Il eut soudain très peur pour sa vie et ses pensées dérivèrent vers Nina.

Cette dernière s'éveilla et trouva la note de John sur la table de chevet. Elle prit une douche et se commanda un petit déjeuner duquel elle ne put avaler que quelques bouchées. Elle n'avait pas vraiment envie de sortir, le voyage l'ayant exténuée. Elle lut une partie de la journée puis décida de descendre afin d'explorer l'hôtel. La chaleur à l'extérieur ne lui disait rien qui vaille de plus, un orage se préparait. Elle remonta à leur chambre afin d'attendre John qui n'allait pas tarder.

La sonnerie du téléphone la réveilla, une voix masculine lui dit que son mari ne rentrerait pas. Elle parlait peu espagnol et n'était pas certaine d'avoir compris. Soudain, elle eut très peur, l'interlocuteur changea et une autre voix qui s'exprimait dans un anglais incertain lui dit que si elle voulait revoir son mari vivant, elle devait faire ce qu'on lui dirait. Elle ne devait parler à personne et sortir de l'hôtel, une voiture viendrait la prendre. Il raccrocha.

Elle fouilla dans son passeport, y pris la liste de numéros de téléphone d'urgence et appela l'ambassade des États-Unis. Quelque temps plus tard, deux policiers frappèrent à la porte de sa chambre. Elle leur ouvrit, ils fouillèrent la chambre aussitôt. Elle les suivit au poste de police. Ils la questionnèrent sur John et ce fameux rendez-vous dont elle ignorait tout. Après plusieurs heures d'infructueuses interrogations, ils l'a raccompagnèrent à l'hôtel. L'enquête était en cours et on la tiendrait au courant.

Elle se sentait comme une automate, totalement vide d'émotion. Elle était épuisée, son bébé bougeait beaucoup et elle avait mal au dos. On l'avait assurée que l'hôtel serait sous surveillance. Elle ne prit pas la peine de se déshabiller, s'effondrant sur le lit. Incapable de dormir, son esprit repassait constamment les derniers jours à la recherche d'un indice. Elle fouilla tous les bagages de John, vida ses poches et trouva un numéro de téléphone, sûrement la personne avec qui il avait parlé la veille à leur arrivée.

Elle sortit de sa chambre et partit à la recherche du policier qui devait monter la garde. Elle fit face à face avec deux hommes armés qui l'empoignèrent de force. Elle cria pendant qu'un homme la bâillonnait. Un des hommes la frappa au visage et elle s'évanouit. Ils sortirent par-derrière et l'embarquèrent dans le coffre d'une voiture.

À son réveil, elle était couchée sur un lit de fortune d'une saleté repoussante dans une pièce sans fenêtres. Elle se rendit douloureusement jusqu'à la porte qui s'avéra être verrouillée de l'extérieur. Il y avait une ampoule au plafond, pas d'interrupteur. Elle colla son oreille sur la porte et entendit des hommes discuter en espagnol. Elle eut très peur; allaient-ils la violer, la tuer? Qu'avaient-ils fait de John? Sa gorge se noua. *E*lle frotta son ventre et une véritable frayeur la gagna. Elle était vulnérable, totalement à leur merci. Selon les policiers, les ravisseurs de John ne tarderaient pas à demander une rançon. *John*, il devait être ici lui aussi. Elle se sentit presque soulagée de l'imaginer dans la pièce d'à côté.

Pendant ce temps, deux hommes discutaient de la femme de l'américain. Ils allaient tenter de l'échanger contre une rançon, une femme enceinte, ils pourraient demander gros. Le journaliste, pas question de le rendre selon leur chef. Il était un otage de choix. Ils avaient là une chance en or de demander la libération de leurs frères. Pablo allait se charger de demander la rançon pour la femme. Elle avait déjà contacté la police, ils devaient être sur le qui-vive et prêts à collaborer. Pablo était parti et devait revenir avec l'argent. Un cellulaire sonna, ils devaient amener la femme tout de suite. Ils ouvrirent la porte, elle était debout. Un des hommes la frappa au ventre et à la tête, elle tomba. Ils la ramenèrent à la voiture et la remirent dans le coffre.

Lorsque Nina s'éveilla, elle avait mal partout. Elle se tourna sur le côté et vomit. Elle toucha son visage, il était couvert de sang. Mon Dieu! Le bébé! Elle était très inquiète et avait peur de le perdre. Elle toucha son ventre, la petite bougea faiblement. Cela la rassura, mais la peur grandit quand elle entendit des coups de feu. Des cris, encore des coups de feu, puis la voiture partit tellement vite qu'elle se cogna sur le côté du coffre. « Inspire, expire, inspire, expire... » Elle tentait de se calmer, car elle commençait à sentir ses lèvres s'engourdirent. Elle avait atrocement mal au ventre.

Soudain, la voiture s'immobilisa et le moteur s'arrêta. Le coffre s'ouvrit, une bouffée d'air frais lui remplit les poumons. Un homme l'agrafa et la força à sortir. Il était furieux. Il la jeta par terre et entreprit d'ouvrir son pantalon. Elle se mit à crier lorsqu'il s'approcha d'elle avec son membre dépassant des poils noirs de son pubis. Elle prit peur, se releva debout et le frappa maladroitement au visage. Il l'attrapa par les cheveux, la forçant à baisser la tête sur son sexe répugnant. Elle agrippa ses testicules et tira de toutes ses forces en les tordant dans sa main. Il hurla de douleur et la frappa à la tête avec la crosse de son arme. Au lieu de la violer, car il n'en avait plus envie, il la battit de toutes ses forces. Son visage n'était plus qu'un amas de chair ensanglantée et il la roua de coups à l'abdomen jusqu'à ce qu'une mare de sang s'échappe de son entrejambe. Il la traina dans le fossé puis repartit en trombe.

La douleur était telle, qu'elle était certaine de succomber. Elle ne voyait plus rien. Elle ne pouvait pas respirer par le nez et même par la bouche l'air entrait difficilement. Elle sentait les contractions qui lui sciaient le ventre. Le bébé... Il fallait qu'elle survive, sa petite Sophia. Étant médecin, elle savait pertinemment que si le bébé n'était pas à terme... Elle gémissait de douleur, incapable de verser des larmes par ses yeux qui n'étaient plus des yeux. Elle devait retirer son pantalon pour l'expulsion. Elle réussit à le baisser et poussa en criant. Elle prit le bébé tout chaud dans ses bras, la petite ne pleurait pas. Elle ne respirait pas.

Vidée de ses forces, elle tenta tant bien que mal de lui insuffler de l'air dans les poumons tout doucement. Elle était couchée sur le côté la tenant tout contre elle. Elle essaya de lui faire un massage cardiaque du bout des doigts sans succès. Prise de désespoir, elle hurla sa souffrance. Elle sentait le sang chaud qui coulait le long de ses jambes et ferma les yeux, prête à mourir.

CHAPITRE 1

Los Angeles, États-Unis

2010

Une limousine, un tapis rouge, des lumières aveuglantes. Elle regrettait d'avoir accepté cette mascarade. Elle avait rencontré cette actrice Carrie Roman en Afrique six ans auparavant et elles étaient devenues amies très vite. Son mari et elle avaient adopté une enfant de son orphelinat. Ils faisaient partie d'une classe à part : Hollywood. De riches acteurs qui cherchaient un sens autre à leur vie. Carrie était ambassadrice des Nations Unies pour l'Afrique et elle avait largement contribué à la construction de l'orphelinat. Elle venait de créer la *Fondation de l'espoir* afin d'aider Nina à construire des cliniques de maternité en Afrique. Son idée, une soirée-bénéfice avec tout le gratin d'Hollywood pour lancer sa Fondation et surtout, présenter le Dr Virginia Grace Myers que personne n'avait revue depuis dix ans. Une légende vivante qui avait tout donné pour sauver les enfants d'Afrique. Digne d'un scénario d'Hollywood que Carrie avait bien l'intention d'écrire et par le fait même, lui faire signer un beau petit contrat.

Carrie et Ethan émergèrent de la limousine avec grâce. On pouvait entendre les flashs, leurs éclats étaient éblouissants. Nina attendit quelques secondes puis elle sortit à son tour. Des flashs crépitaient de toute part et elle vacilla sous le choc. Puis un bras s'offrit gracieusement, un sourire merveilleux, et ces yeux! D'un bleu mer-du-sud. Ouf!

Elle le regarda chancelante.

— Merci, marmonna-t-elle.

— Ne vous en faites pas, on finit par s'habituer à tout ce tapage!

Elle entendit crier : « Jerry! Qui t'accompagne?   La robe, elle est de qui? ».

Nina se rappela tout d'un coup, la fameuse robe! Carrie avait vraiment insisté. « Tu es *fabuleuse*! » D'un bleu azur en soie avec un décolleté qui ne laissait aucune place à l'imagination, le dos complètement nu. Seigneur! Elle aurait été plus à l'aise en bikini! La robe descendait jusqu'au sol, au moins, ses jambes étaient cachées. Du moins en partie, car il y avait cette fente à la cuisse droite qui à chaque enjambée, la dénudait complètement. Heureusement, son cavalier étant à sa droite il la cachait aux photographes. En tout cas, ils ramasseraient sûrement beaucoup d'argent ce soir. Elle avait l'impression de vendre son âme!

Elle marcha aux côtés de son cavalier, en essayant de paraître digne sur ces foutus talons aiguilles en paillettes argentées. Puis, elle l'aperçut : Joana Forest, la commentatrice de Tonight Stars qui commentait les tenues des vedettes et qui était justement en train d'interviewer Carrie et Ethan. Ah non! Pas ça en plus! Quel supplice : la robe, les talons, les photographes et la télévision! Carrie se tourna vers elle en la saluant comme pour la montrer à Joana Forest. Elle soupira, puis se tourna vers son cavalier :

— Peut-on l'éviter?

— La connaissant, ce n'est pas une bonne idée, dit-il de sa voix chaude et grave.

Il avait parlé à voix basse, mais elle avait l'impression de l'avoir ressenti au plus profond de son être. Elle le regarda, il lui sourit. Elle en eut le souffle coupé. Son sourire se fit plus grand encore, illuminant son regard bleu de mer, comme s'il savait quel effet il avait sur elle. Il resserra son étreinte. Ils approchaient de la caméra de télévision et de la commentatrice.

— Jerry! Vous êtes magnifique! C'est un Valentino? dit-elle en indiquant ses habits.

Il acquiesça tout en souriant de plus belle.

— Qui est cette fabuleuse jeune femme?

Nina lui tendit la main d'un sourire timide :

— Virginia Grace.

Le Jerry sembla légèrement surpris et l'observa d'un air curieux. Joana Forest ne se laissa pas débouter, elle lui tendit le micro :

— Dr Grace Myers, quel plaisir! Comment trouvez-vous Los Angeles?

— Très... lumineux! répondit Nina, du tac au tac.

— Votre robe, elle est superbe! C'est de qui?

Nina hésita, puis cela lui revint :

— Guy Laroche.

— Vous formez un couple merveilleux tous les deux!

— Merci, dit Jerry.

Ils continuèrent leur chemin sur le tapis rouge, durent attendre quelques minutes avant de poursuivre, car il y avait plusieurs caméras de télévision et certains couples donnaient des petites entrevues ou posaient pour les photographes. On entendait la foule,

24

mais on ne pouvait la voir, c'était impressionnant. Étonnamment, Nina se sentait bien. Son compagnon lui tenait galamment le bras et parfois, elle pouvait sentir sa main chaude sur sa hanche lorsqu'ils prenaient une pose pour les photographes. Elle se demandait comment elle s'était retrouvée à son bras.

Jerry Buchanan était un acteur qu'elle avait toujours trouvé séduisant. En fait, elle ne connaissait rien au cinéma, mais il avait joué dans un film de super héros qu'elle avait vu à plusieurs reprises avec les enfants de Carrie et Ethan. Il n'avait rien de l'icône parfaite d'Hollywood, il était plutôt d'une beauté ordinaire, mais typiquement masculine, le genre que toute femme aimerait avoir dans son lit... Et cet accent écossais qui contribuait à son charme, cela lui donnait une touche de romantisme. En ce moment, il la contemplait d'un air intrigué. Avec sa barbe de quelques jours, ses yeux semblaient encore plus lumineux et elle ne se lassait pas de le regarder.

Jerry observait sa compagne de tapis rouge et la trouvait totalement séduisante, mais surtout, intrigante. Il cherchait de quelle façon il pourrait profiter de sa présence plus longtemps. Quand Ethan lui avait demandé de rendre service en aidant Nina à descendre de la limousine, il avait accepté de suite. Ethan savait que si Jerry l'escortait sur le tapis rouge, cela aiderait la cause, les médias leur donneraient une tribune pour passer leur message. Mais il ne s'était pas attendu à ce qu'elle soit si belle. Il la connaissait par

Ethan et Carrie qui lui avaient parlé de ce médecin qui avait fondé un hôpital au Niger et qui était la marraine de leur petite dernière. L'image qu'il s'était faite d'elle était tout autre; un médecin célibataire vivant en Afrique et consacrant sa vie à l'aide humanitaire... On était loin de la femme sublime qu'il avait à ses côtés. Ses longs cheveux bruns descendaient en cascade dans son dos, elle avait le teint basané, peut-être était-ce le soleil africain. Ses yeux, bordés de longs cils, étaient d'un brun presque noir, elle avait un nez fin, un peu retroussé, parsemé de minuscules taches de rousseur, des lèvres pulpeuses et un sourire éblouissant.

Ils finirent par entrer dans le hall du Four Seasons Hotel. Ils continuèrent jusqu'à la salle de bal. Il n'avait pas lâché son bras de tout le trajet. Ils se dirigèrent tout droit vers le bar afin d'y rejoindre Ethan et Carrie. Elle ne connaissait personne. Il s'agissait de célébrités et de gens du monde du cinéma bref, de toute évidence, tous très fortunés.

— Tu as survécu? lui dit Carrie en souriant.

Nina lui sourit en guise de réponse. Après le cocktail, ils passèrent à la salle à manger. Les hôtesses les dirigèrent vers une table près de la scène. En fait, il s'agissait d'immenses tables rondes décorées avec soin : bouquet floral printanier, les fauteuils étant recouverts de velours vert tendre. Elle était quelque peu gênée, car elle avait Jerry à sa droite et sa robe fendue laissait voir toute sa jambe ainsi que sa cuisse. De plus, elle savait qu'une fois assise, on pouvait voir la courbe de son sein. Sans parler de son dos nu jusqu'à la chute de ses reins. Elle détesta Carrie en cet instant même de l'avoir poussée à porter cette robe. Elle osa un regard vers lui et il la couva d'un regard si chaud et enveloppant, qu'elle sentit son estomac se nouer.

Pendant dix ans, elle avait rayé les hommes de sa vie. Elle se vantait d'y être parvenue et d'être comblée. Son célibat l'avait protégée de souffrances inutiles. Quand on ne possède rien, on ne peut rien perdre, c'était devenu sa devise. Ce Jerry était dangereux pour ses résolutions et sa tranquillité d'esprit. Elle se surprit à soupirer souvent, pour essayer de se calmer et ainsi rester de marbre. Impossible d'ignorer la proximité de cet homme. De plus, il semblait intéressé par elle et lorsqu'il se pencha pour lui parler, son parfum boisé l'enveloppa.

— Je sais que vous vivez au Niger depuis quelques années, mais d'où êtes-vous originaire?

— Du Canada.

Il y avait un maître de cérémonie qui présentait le déroulement de la soirée. Nina était la première à s'adresser à l'assemblée. Carrie se tourna vers elle en souriant :

— Tu es prête? C'est ton moment de gloire.

Nina se redressa avec toute la dignité dont elle était capable. Jerry s'était levé afin de tirer sa chaise et sa main effleura le dos nu de Nina. Elle réprima un frisson. Seigneur! Elle n'aurait pas dû se priver de sexe si longtemps, c'était sûrement pourquoi son corps réagissait si violemment.

Elle n'eut pas besoin de demander le silence, par sa seule présence elle sema la surprise dans l'assistance et de ce fait, le silence fut. Les lumières se tamisèrent, son PowerPoint apparut à l'écran et elle oublia sa robe. Elle se sentit comme une conférencière dans une université ce qu'elle avait l'habitude de faire.

— Bonsoir et bienvenue à tous! Je me présente Virginia Grace, je suis médecin. Il y a maintenant dix ans, je suis partie en Sierra Leone avec *Médecins sans Frontières*. Le pays était en guerre civile et c'est ainsi qu'a débuté ma carrière de médecin humaniste. En 2001, je me suis retrouvée au Niger afin de vacciner la population contre une endémie de méningite et c'est dans ce pays que j'ai trouvé ma voie.

Défilement de photos de la mission de *Médecins sans Frontières* en Sierra Leone puis de la campagne de vaccination au Niger.

— En Sierra Leone, j'ai été témoin des atrocités de la guerre dont je vous épargnerai les détails ce soir. Au Niger, j'ai découvert un autre monde de souffrance, des jeunes filles qui n'ont pas choisi d'être mariées à douze ans, qui ne choisissent pas la maternité. Elles n'ont aucune connaissance sur la contraception, la grossesse et l'accouchement. Elles donnent naissance dans des conditions primitives... Les chiffres indiquent qu'en de telles conditions, une femme sur sept ne survit pas à l'accouchement. Il y a un proverbe africain qui dit : « Une femme qui tombe enceinte met un pied dans la tombe » et vous pouvez me croire; ce n'est pas exagéré!

Défilement des tableaux de statistiques de la région de Niamey, capitale du Niger :

Taux de mortalité infantile en 2000	80 %
Taux de mortalité infantile en 2008	56 %

— Il y a huit ans, j'ai fondé une clinique de maternité, qui au fil du temps, est devenue un hôpital. Car dans ce pays, il y a peu d'hôpitaux et de cliniques. Grâce au Programme des Nations Unies pour le développement, nous avons pu construire un hôpital et mobiliser des équipes de volontaires; médecins, chirurgiens, sages-femmes et infirmières. Le Comité International de la Croix Rouge a contribué grandement à fournir le matériel et l'équipement médical. Nous avons fondé l'Hôpital de l'Espoir qui se trouve à quelques kilomètres en banlieue de Niamey. Depuis l'ouverture de l'hôpital en

2002, le taux de mortalité maternel est passé de 45 % contre 15 % l'an dernier et le taux de mortalité infantile périnatale est passé de 26 % à 3 %.

Applaudissements de l'assistance.

— Nous avons beaucoup de jeunes femmes que nous tentons d'envoyer étudier en médecine, en sciences infirmières ou encore suivre la formation de sages-femmes. Il s'agit de femmes africaines, qui par la force des choses, sont devenues aides-soignantes. Il faut prévoir une relève, car nous ne pouvons dépendre de la Communauté internationale pour toute la main d'œuvre. Cela demande beaucoup de fonds supplémentaires. Nous avons ouvert une clinique de maternité et de contraception en milieu rural l'an dernier grâce à des dons de riches contributeurs, mais il faudrait étendre ce service à d'autres régions éloignées, en formant des sages-femmes et en leur donnant l'appui nécessaire. Il y a six ans, Carrie Roman Murray est venue au Niger dans le cadre de ses fonctions d'ambassadrice pour l'ONU et elle a visité notre hôpital. Nous avons, par la suite, travaillé de concert à fonder l'Orphelinat. Elle a accompli un travail extraordinaire et encore aujourd'hui, elle contribue à faire avancer la cause des femmes et des enfants. Ce soir, nous sollicitons votre aide afin de continuer notre mission. J'invite donc Mme Carrie Roman Murray à venir vous entretenir.

Il y eut un tonnerre d'applaudissements. Carrie monta sur la scène, embrassa Nina et prit la parole.

Jerry était ébloui, il se tourna vers Ethan et lui dit tout bas, sur un ton de reproche :

— Pourquoi ne me l'as-tu jamais présentée avant ce soir?

— Viens diner à la maison demain, elle sera là... répondit tout bonnement ce dernier.

Tout au long de la soirée, la discussion tourna autour de la Fondation et de l'aide que les Nations Unies apportaient en Afrique. Jerry prit part à la conversation et curieusement, il semblait très au courant de la situation politique dans plusieurs pays d'Afrique. Il posait beaucoup de questions à Nina sur ses fonctions au sein de l'hôpital et sur son travail. Elle répondait en toute honnêteté en se demandant pourquoi il démontrait tant d'intérêt. De plus, il trouvait toujours le moyen de faire de l'humour avec des petits commentaires drôles à souhait. Nina rit et s'amusa beaucoup en sa compagnie.

Après un repas gastronomique suivi de l'apparition d'un stand-up comique, plusieurs célébrités quittèrent pour une boîte de nuit célèbre afin d'y terminer la soirée. Nina n'avait aucun intérêt pour la chose alors que Carrie et Ethan allaient y faire une apparition éclair. Jerry offrit de la raccompagner en limousine. Elle logeait dans un hôtel du centre-ville qu'il connaissait bien. Ils quittèrent donc la soirée de la même façon qu'ils l'avaient débutée, bras dessus dessous. Lorsqu'elle monta dans la limousine, tentant tant bien que mal de préserver sa pudeur en tirant sur sa maudite robe fendue, elle entendait les flashs crépiter et les paparazzis crier : « Jerry qui est cette belle femme avec toi? Où allez-vous? » Il s'introduisit dans la limousine en poussant un soupir.

— C'est toujours comme cela?

— Dans les soirées de première ou de gala, oui. Dans la vie de tous les jours, il y en a peu qui me suivent et je suis capable d'avoir une vie relativement normale. Ce n'est pas le cas d'Ethan et Carrie. Ils font les manchettes presque toutes les semaines. Toi aussi, tu vas en faire les frais, j'imagine, après cette soirée...

Surtout, qu'elle était aux côtés de Jerry Buchanan, célibataire endurci auquel les tabloïds ne cessaient d'inventer toutes sortes de conquêtes!

— Moi? Je ne vois pas pourquoi! Je suis sans intérêt pour eux!

— Plus maintenant, crois-moi. De toute façon, ce devrait être temporaire. Ne t'en fais pas, ils ne te suivront pas en Afrique!

Il s'adressa au chauffeur afin de lui indiquer l'hôtel de Nina puis ferma la vitre les isolant ainsi du reste du monde. Elle soupira pour se calmer, l'avoir si près d'elle la troublait un peu.

— Ça va?

— Je suis fatiguée, c'est tout. Je suis arrivée du Niger il y a quelques jours et Carrie m'a fait courir les boutiques hier afin de dénicher la tenue parfaite pour ce soir.

— Pour être parfaite, elle l'est! Tu as été la vedette de ce tapis rouge ce soir...

Il ne put s'empêcher de regarder son décolleté et percevant son malaise, il détourna le regard. Il ne voulait pas l'effrayer, mais elle le fascinait au plus haut point. Comment une telle beauté pouvait-elle être aussi sérieuse et intelligente? Il n'avait pu se retenir de la couver du regard toute la soirée et d'être attentif à ses moindres gestes. Il la raccompagnait à son hôtel et ce serait tout? Il ne pouvait pas imaginer cette possibilité, il devait trouver le moyen de la raccompagner à sa chambre... sinon la revoir au plus vite.

— J'ai passé une très belle soirée, je te remercie de m'avoir accompagnée, même si je me demande encore par quel hasard c'est arrivé...

— Quand Ethan et Carrie sont sortis de la voiture, j'étais déjà là et il m'a simplement demandé de t'accompagner sur le tapis rouge. Je suis bien heureux de m'être trouvé là au bon moment.

Il s'approcha plus près d'elle et lui dit avec sa voix chaude et grave :

— Moi aussi j'ai passé une excellente soirée, merci...

Et il se pencha en regardant ses lèvres. Il ne pouvait résister à l'envie de l'embrasser, se disant qu'il s'en tiendrait à un seul baiser, juste pour valider l'attirance qu'il ressentait pour elle. Elle pouvait sentir son souffle chaud, son cœur battait tellement fort qu'elle était certaine qu'il pouvait l'entendre. Le temps sembla suspendu, quand finalement, il déposa ses lèvres sur celle de Nina tout doucement et la prit dans ses bras. Il gouta sa bouche chaude et gourmande, son baiser était doux et tendre.

Elle répondit à son étreinte avec fougue. Soudain, il devint plus insistant, la serrant plus fort, puis il la pénétra doucement de sa langue. Elle gémit de surprise et répliqua avec passion. Sentant la caresse de ses mains chaudes sur son dos nu, elle se cambra vers lui et il devint encore plus fébrile. Il perdit alors le contrôle et ses mains furent partout sur le corps de Nina, saisissant ses seins qui sortirent joyeusement de sa robe. Elle voulait qu'il s'arrête, mais elle était incapable de lui résister. Elle sentait l'excitation monter dans son bas-ventre et elle sentit son érection quand il se frotta sur son entrejambe. Elle tenta de se relever essoufflée et échevelée :

— Jerry, pas ici pas dans la voiture...

Il se redressa souriant de toutes ses dents et déposa un dernier baiser sur ses lèvres. Il avait eu sa réponse, cette femme, il la désirait et il savait maintenant que c'était réciproque, son corps avait parlé pour elle. Il était incapable de cesser de sourire.

Il l'aida à remettre de l'ordre dans sa tenue et réajusta son pantalon pour donner de la place à son membre viril. Ils arrivaient à l'hôtel de Nina, la limousine s'immobilisa et un valet ouvrit la portière. Jerry lui sourit doucement et l'aida à sortir galamment. Il lui souhaita une bonne nuit et remonta dans la limousine. Encore sous le choc de ce qui venait de se produire, elle regarda la limousine avancer doucement. Abasourdie, elle se tourna puis les vit; il y avait quelques photographes qui l'attendaient. Elle prit son courage à deux mains et s'avança.

— Dr Myers, vous connaissez Jerry Buchanan depuis longtemps?

Elle tiqua :

— C'est Dr Grace!

Les flashs étaient aveuglants, elle grimaça tout en continuant son chemin. Le portier la laissa passer, mais retint les paparazzis en leur interdisant l'entrée de l'hôtel. Elle lui en fut reconnaissante. Elle se dirigea rapidement vers l'ascenseur. Jerry l'avait planté là après ce qui venait de se passer entre eux!

Elle ne savait quoi penser. Elle ne voulait pas d'une aventure et il était de toute façon hors de question qu'elle l'invite à venir dans sa chambre. Mais, elle ne voulait pas que cela se termine comme ça... Les émotions qu'il provoquait en elle étaient trop fortes pour qu'elle puisse les ignorer. Elle le désirait et elle souhaitait être avec lui malgré sa tête qui lui disait d'arrêter ça tout de suite. De plus, elle était blessée dans son amour-propre, elle s'était abandonnée à lui totalement et il l'avait plantée là. Il ne lui avait même pas demandé son numéro de téléphone, elle ne savait pas où le joindre. De toute façon, c'était mieux ainsi. « Mieux vaut ne pas le revoir, c'est beaucoup trop dangereux », se disait-elle sans grande conviction. Elle se sentait comme une coquille vide.

Elle sortit de l'ascenseur en marchant rapidement puis se dirigea vers la porte de sa chambre dans le couloir adjacent. Elle s'arrêta devant sa porte et merde! Pas de sac à main, elle l'avait oublié! Où? Elle n'en avait aucune idée, elle ne se souvenait même pas de l'avoir eu en mains dans la limousine de Jerry. Elle n'avait plus qu'à redescendre à la réception de l'hôtel et réclamer une autre carte pour ouvrir la porte de sa chambre. Ensuite, elle téléphonerait à Carrie pour demander si elle l'avait ramassé. Sinon, elle obtiendrait le numéro de cellulaire de Jerry et elle l'appellerait... Son cœur battit plus vite à cette idée.

Seigneur! Que lui arrivait-il? Elle qui avait toujours été autosuffisante et indépendante, elle se comportait comme une collégienne devant son premier amour! « Quoi amour? Non on ne tombe pas en amour en six heures franchement! Tu as 36 ans, espèce d'imbécile, et tu repars pour l'Afrique dans deux jours! En plus, c'est un acteur. *Un acteur* qui peut avoir toutes les femmes qu'il désire, riches et célèbres! » Elle tournait le coin pour se rendre à l'ascenseur lorsqu'elle le frappa de plein fouet.

— Nina! Tu as oublié ton sac...

Il la regarda et vit son trouble.

— Je suis désolé de t'avoir plantée là, mais j'avais vu le petit comité d'accueil et je voulais t'épargner les journaux à potins.

— Merci de me rapporter mon sac, je ne m'en étais même pas rendu compte...

Elle marcha rapidement en direction de sa chambre et il la suivit. Elle ouvrit son sac, sortit la carte magnétique et tenta de la faufiler dans la fente, mais sa main tremblait. Il la lui prit pour ouvrir la porte puis la poussa doucement vers l'intérieur. Quelqu'un avançait dans le couloir, il referma la porte prestement. Ils se regardèrent, elle embrouillée et lui incertain. Elle se jeta alors à son cou et l'embrassa avec passion.

Il la souleva dans ses bras et partit à la recherche du lit. Il s'agissait d'une suite avec salon. Il passa le salon à droite, la chambre étant tout au fond. Il la déposa sur le lit et à tâtons, alluma une lampe sur la table de chevet. Il voulait lui faire l'amour tout doucement, découvrir son corps tout en rondeurs et l'amener tranquillement au paroxysme du plaisir. Mais il ne connaissait pas la bouillante Nina.

Il se pencha sur elle pour l'embrasser tout doucement quand elle l'agrippa par le cou et le fit basculer dans le lit. Surpris, il se laissa faire tandis qu'elle s'attaquait aux boutons de sa chemise et à sa ceinture. Ils s'embrassaient passionnément pendant qu'elle lui retirait son veston et s'acharnait sur sa chemise. Quand elle réussit à lui dénuder le torse partiellement, elle caressa sa peau douce et chaude de ses mains en soupirant de plaisir.

Il ne pouvait plus se contenir, répondait à ses baisers sauvagement et cherchait désespérément un moyen de détacher sa robe. Elle se redressa sur ses genoux, mit ses mains derrière sa nuque et la détacha. La robe tomba sur sa taille, découvrant sa poitrine ronde et ferme. Il sourit de plaisir et admira cette beauté naturelle, quelle merveille!

Elle fit glisser la robe sur ses hanches, retira ses talons aiguilles, mais elle n'eut pas le temps de soustraire autre chose, Jerry l'avait attirée vers lui sur le lit et lui embrassait les seins à pleine bouche. Il n'avait plus de chemise, mais il avait encore son pantalon et elle réussit à le lui défaire partiellement afin de libérer son membre gonflé d'excitation qui pointait sous son boxeur. Elle le serra dans sa main afin de sentir la dureté de son érection, il grogna alors de plaisir.

Il la bascula sur le lit afin de prendre le contrôle et refréner les ardeurs de sa fougueuse partenaire. Il voulait faire durer le plaisir. Il lui écarta les jambes afin de se placer confortablement sur elle et entreprit de l'embrasser doucement tout en caressant sa poitrine. Il embrassa tendrement ses seins, prit ses mamelons entre ses lèvres tour à tour tandis que Nina gémissait de plaisir et se tortillait afin d'essayer de saisir son membre en érection. Il descendit plus bas sur son ventre, embrassa ses cuisses. Il glissa un doigt tout le long de la dentelle de sa culotte brésilienne en satin bleu, percevant ainsi toute la chaleur et la moiteur de son désir de femme. Il entreprit d'embrasser son sexe au travers du satin, mais ne pouvant résister, il repoussa doucement le satin et la gouta. Il la lécha, la savoura, elle gémit en lui empoignant les cheveux. Elle le supplia de la prendre maintenant. Il se redressa pour la contempler; elle avait les joues roses, les cheveux en bataille et l'implorait du regard. Il la trouva merveilleusement belle.

Il se défit du reste de ses vêtements et lui retira sa culotte. Il s'arrêta pour chercher le préservatif qui était resté dans la poche de son veston. Heureusement qu'il ne l'avait pas envoyé chez le nettoyeur la dernière fois. Puis il s'approcha d'elle, se plaça entre ses cuisses en l'embrassant langoureusement. Elle guida son membre vers son sexe brûlant et il la pénétra doucement. Elle se cambra tout en s'accordant à son mouvement de va-et-vient. Au bout de quelques minutes, il l'embrassait en la pénétrant de sa langue et elle gémissait de plaisir lui demandant d'aller encore plus vite. Il accéléra et sentit l'orgasme monter en lui, elle ne se contenait plus, lui demandant toujours plus. Il voulait s'assurer qu'elle atteigne l'orgasme avant lui, il dut ralentir avant d'atteindre le point de non-retour. Il était un bon amant, il avait toujours eu un bon contrôle de lui-même, mais cette femme le rendait fou et il était incapable de penser à autre chose et de se contenir.

— Que se passe-t-il?

— Ma belle, je veux que tu jouisses toi aussi.

— N'arrête pas, je t'en prie, laisse-toi aller, ne te retiens surtout pas!

— Tu es certaine?

— Oh! Oui!

Il la pénétra d'un coup de rein et se laissa emporter par la passion. Il connut le plaisir de s'abandonner complètement à un formidable orgasme. Nina l'accueillit avec bonheur et lorsqu'il accéléra le rythme, elle sentit le plaisir monter. Lorsqu'il fut secoué de spasmes, elle jouit comme elle ne l'avait pas fait depuis des années.

Ils reposaient tous les deux côtes à côtes, leur visage se touchant, et se regardaient dans les yeux.

— Je n'ai jamais fait ce genre de chose, coucher avec un inconnu le premier soir... Je ne veux pas que tu penses...

— Je ne pense rien.

— Est-ce que les paparazzis t'ont vu revenir ici?

— Je ne crois pas, nous sommes revenus par une rue arrière et je suis passé par l'entrée de service. Est-ce qu'on peut se voir demain?

— Demain, je suis invitée chez Carrie et Ethan.

— À quelle heure ça se termine, on peut se voir en fin de soirée, ça ne me dérange pas.

— Après 23 heures?

— Oui pas de problème, ici?

— OK! Elle lui donna un baiser en souriant.

— Quand repars-tu?

— Dans deux jours, le sourire s'effaça de son visage

— Est-ce que tu as prévu de revenir à Los Angeles prochainement?

— Je reviens dans deux mois, on pourra se voir... À moins que tu passes par le Niger d'ici là? dit-elle en souriant

— Si tu me le demandes, j'irai, dit-il gravement.

Elle fut surprise de sa réponse. Elle appuya sa tête sur son épaule et caressa la toison brune de son torse.

— Tu sais que tu es incroyablement sexy!

— Toi aussi! Tu me fais sentir comme si j'avais 18 ans, tu me fais perdre la tête!

Elle répondit fougueusement par un baiser et il faillit perdre les pédales encore une fois. Il n'avait pas d'autre préservatif...

— Quoi? Tu es venu passer la nuit avec moi avec un seul préservatif? lui dit-elle moqueuse.

— Je ne pensais pas avoir affaire à une obsédée sexuelle, lui dit-il en riant.

— Mmm... dit-elle en réfléchissant. Bon, soyons cartésiens; je n'ai pas fait l'amour depuis plus de trois ans.

Elle ne vit pas son sourire satisfait.

— Je suis médecin en Afrique et je passe des tests pour les maladies infectieuses tous les six mois.

— Et la grossesse?

Elle soupira

— Pas de grossesse possible, je ne suis pas fertile.

— Je n'ai pas fait l'amour depuis plusieurs mois, depuis deux ans je mets toujours des préservatifs.

— As-tu passé un dépistage récemment?

— Il y a environ cinq ou six mois lors de mon rendez-vous annuel chez le médecin.

— Tu vois, nous venons d'éliminer le problème dit-elle en se collant langoureusement à son corps. Jerry fais-moi l'amour.....

Quand il s'insinua en elle, peau contre peau, dans sa moiteur, elle était si chaude et étroite, qu'il perdit complètement le contrôle, au grand bonheur de Nina. Et il sut qu'il avait trouvé son paradis.

CHAPITRE 2

San Vincente, Colombie
Mai 2000

Juan Carlos Escobar en avait assez de son satané chien, il l'avait tenu réveillé une bonne partie de la nuit. Il était insoutenable, jappait sans cesse et tentait de défaire la corde qui le retenait au cou. Juan Carlos possédait un petit lopin de terre qu'il tentait de cultiver tant bien que mal. Veuf, il vivait seul depuis que son fils avait quitté la terre familiale et immigré au Canada.

Il lui semblait avoir entendu une voiture durant la nuit ainsi que des cris, mais avec tout ce qui se tramait ces temps-ci, mieux valait rester chez soi et s'occuper de ses affaires. Il décida de faire le tour de sa propriété, car un drôle de pressentiment le tiraillait. Il prit son vieux fusil et détacha le chien, qu'il tint en laisse.

Il la trouva au bout du champ dans le fossé. Il en eut le cœur brisé. Il dut retenir son chien et finit par l'attacher à un poteau de clôture. Une véritable vision d'horreur, la jeune femme gisait dans une mare de sang; les cuisses entrouvertes et elle avait dans ses bras un nourrisson tout violet. Il s'approcha et l'entendit respirer bruyamment, car son visage était complètement tuméfié. Il ne pouvait plus rien pour le bébé.

Nina s'éveilla dans un lit d'hôpital, avec une solution intraveineuse dans le bras. Elle avait un pansement au visage. Elle toucha son ventre vide et se rappela. La douleur fut si vive que son cœur sembla en feu. Elle pleura en silence, sa tête oscillant doucement puis elle se mit à trembler de tous ses membres. Elle cria, hurla son désespoir. Une infirmière accourut dans la chambre et lui parla doucement en espagnol. Elle lui caressait les cheveux, lui disant d'inspirer et expirer lentement. La crise passa, mais la douleur était toujours présente.

Si elle l'avait laissé la violer, Sophia serait en vie. Elle était incapable de se le pardonner. Elle aurait dû mourir. Elle n'avait rien demandé, ils auraient dû la laisser mourir au bout de son sang. De toute façon, elle était morte avec Sophia dans ce fossé, elle n'avait fait que continuer à respirer.

Son bébé, sa petite Sophia qu'elle aimait de tout son cœur bien avant qu'elle ne la sente bouger dans ses entrailles... Elle ne pouvait chasser le souvenir de ce petit corps tout chaud et sans vie entre ses bras. La douleur de cette perte était insoutenable, elle la ressentait au plus profond de son corps. Elle eut envie de vomir, les haut-le-cœur l'obligèrent à s'asseoir et elle eut très mal au nez. Elle avait besoin de John, où était-il? On lui donna un sédatif et elle s'endormit.

Juan Carlos entra dans l'hôpital et se rendit au bureau de la réception. Il voulait voir l'américaine que les policiers avaient amenée. On le fit attendre dans une salle puis deux policiers vinrent l'interroger. Pourquoi voulait-il la voir? Le vieil homme n'avait rien fait de mal et voulait simplement s'assurer qu'elle allait bien.

Il put entrer dans sa chambre. Elle dormait. Il s'approcha d'elle et lui toucha la main. Il fit une prière et demanda à Dieu d'accueillir la petite fille au ciel et de protéger sa maman. Il eut la certitude à ce moment précis qu'elle n'allait pas mourir. Elle serait investie d'une mission quand elle aurait *l'appel*. Il remercia Dieu, car si elle avait été laissée un kilomètre plus loin elle n'aurait pas survécu. Il sut qu'il n'avait pas été mis sur son chemin par hasard. Il embrassa sa main, se signa et quitta la chambre.

Nina avait passé plus d'une semaine dans la brume; elle s'éveillait, pleurait, criait et les sédatifs finissant par avoir raison d'elle, elle se rendormait. L'hémorragie avait été contrôlée rapidement, on lui avait donné quelques culots de sang et l'infection se résorbait. Au bout d'une semaine, elle avait les yeux plus clairs et les crises cessèrent. Elle ne parlait toujours pas. Le dixième jour, le service de police obtint des nouvelles pour elle. Comme elle comprenait mal l'espagnol, on demanda un interprète. L'interprète lui annonça que John était détenu dans un camp de guerillos quelque part dans la jungle et qu'on avait arrêté un des hommes responsables de son enlèvement. Un certain Pablo. Nina était heureuse de savoir

John encore vivant. L'espoir lui redonna un peu le goût de vivre. Ce soir-là elle mangea pour la première fois au grand plaisir des infirmières.

Elle devait retourner aux États-Unis, l'attaché de l'ambassade lui affirmait qu'ils allaient tenter une opération militaire pour libérer John dans quelques jours. Elle ne pouvait rester en Colombie, c'était trop dangereux, le climat politique se détériorait et tous les américains étaient priés de quitter le pays.

De retour chez elle à Seattle, elle ne put supporter la maison vide. Les journalistes étaient constamment derrière les grilles de l'entrée de la propriété. Les membres de l'équipe de travail de John appelaient sans cesse, même les hauts dirigeants de la chaîne Fox l'avaient contactée afin de lui fournir aide et support. Elle se sentait pourchassée, elle n'en pouvait plus. Elle attendait des nouvelles de l'opération de sauvetage de John. On lui avait dit qu'elle aurait des nouvelles dans un jour ou deux. Elle ne dormit pas de la nuit, essaya de lire, de regarder la télévision, mais rien ne pouvait la distraire. Elle était terriblement inquiète.

Le lendemain matin, elle essaya d'appeler la personne qui s'occupait de dossier John C. Myers aux affaires diplomatiques. On ne lui retourna pas son appel. Vers dix-neuf heures, on sonna aux grilles de la propriété, une voiture noire. Elle actionna les grilles et se dirigea vers la porte d'entrée en courant.

Ils étaient deux hommes en uniforme. Ils se présentèrent, elle oublia leur nom aussitôt. L'opération de sauvetage ne s'était pas déroulée comme prévu. Il y avait eu des échanges de coups de feu suivi d'une explosion. Ils avaient trouvé des corps, difficilement identifiables. Ils lui remirent le jonc de John et sa chaîne. Elle se mit à pleurer. Ils ne voulaient pas la laisser seule. Elle ne voulait voir personne.

Parfois, la vie est pire que la mort.

CHAPITRE 3
Los Angeles, États-Unis
2010

Elle se réveilla, s'étira puis réalisa qu'elle était nue et que quelqu'un la regardait... Elle se tourna et le vit, il sortait de la douche une serviette enroulée autour de la taille. Elle pensa qu'il était l'homme le plus beau qu'elle ait jamais vu.

— Tu veux que j'appelle le service aux chambres, je peux nous commander à déjeuner.

— Oui dit-elle d'une voix enrouée par le sommeil.

Elle passa le drap par-dessus sa tête, car il ouvrait les rideaux afin de laisser le soleil entrer. Elle risqua un œil et l'aperçut tout près qui lui souriait. Il l'embrassa tendrement.

— Tu sais que tu es très belle quand tu dors?

Ils firent l'amour encore une fois, déjeunèrent ensemble puis il la quitta, lui promettant de la revoir en fin de soirée.

Elle se fit couler un bain et s'y prélassa longuement. Elle pensait à Jerry et à leur nuit mouvementée... Elle se sentait heureuse, ça ne lui était pas arrivé depuis tellement longtemps. Son cellulaire sonna, c'était Carrie.

— Est-ce que tu dors encore paresseuse?

— Non, non, je suis dans mon bain.

— Comment s'est terminé ta soirée, il t'a raccompagné à ta chambre? Tu as couché avec lui?

— Oui, chuchota-t-elle.

— Quoi?! C'est vrai? Je suis si contente! Vous faites tellement un beau couple!

Nina soupira.

— Ne va pas trop vite! De toute façon, je pars pour l'Afrique demain soir... Je prends un vol de nuit, tu te rappelles?

— Est-ce que tu vas le revoir?

— Oui...

— Avant ou après ton départ?

— Les deux, j'imagine, c'est fini l'interrogatoire?

— OK! Je t'envoie Julio, il va aller à l'épicerie avant et passer te prendre environ dans deux heures.

— Dis-lui de me prendre avant d'aller à l'épicerie dans une heure, j'ai envie de vous cuisiner un bon repas. Dis à Juanita qu'elle a congé de fourneau et tu peux dire à Zara qu'on va cuisiner ensemble.

— Merveilleux ma chérie, Zara va être tellement heureuse. À plus tard.

Elle sortit de la baignoire et entreprit de démêler ses cheveux. Une heure plus tard, elle était dans le hall de l'hôtel et attendait Julio. Elle le vit apparaître et partit à sa rencontre.

Ils arrivèrent chez Ethan et Carrie près de deux heures plus tard. Ces derniers possédaient une immense résidence près de Santa Monica. C'était une villa construite selon l'architecture mexicaine, en pierre blanchie avec une toiture en tuile rouge. Sur le bord de l'océan Pacifique, un endroit magnifique. Elle entra avec Julio par la porte de service. Elle avait remarqué sur le stationnement une voiture sport décapotable, peut-être une nouvelle acquisition d'Ethan.

Les enfants se ruèrent sur elle en criant son nom. Ils avaient deux garçons Andrew 10 ans et Thomas 8 ans, Allison, une fillette de 7 ans et Zara 4 ans, qu'ils avaient adoptée au Niger. Elle les embrassa tous et s'attarda à Zara. Cette dernière était toujours dans ses bras quand elle l'aperçut. Jerry!

— Salut! Que fais-tu ici? Elle souriait de bonheur malgré sa surprise.

Il s'approcha et l'embrassa innocemment sur les deux joues. Elle déposa la petite Zara sur le sol.

— Ethan m'a invité et je n'ai pas pu résister. Il prit sa main et embrassa tendrement l'intérieur de son poignet en lui souriant, il ne la quittait pas des yeux. Le geste était tellement érotique, qu'elle déglutit et tenta de camoufler son trouble.

Elle embrassa Carrie et Ethan qui semblaient très heureux de la présence de Jerry. Elle s'affaira avec Zara à sortir les emplettes et commença tranquillement la préparation du souper. Zara du haut de ses 4 ans, voulait tout faire, elle lui donna la tâche de laver les légumes. Pendant ce temps, Ethan ouvrait une bouteille de chardonnay.

— Peut-on savoir ce que vous nous préparez mesdemoiselles? demanda Ethan.

Nina parla à l'oreille de Zara qui répéta :

— Osso Boco et risotto aux sampignons

Murmure de Nina et grand sourire de Zara :

— Gâteau au fomage socolaté, miam!

Jerry souriait de les voir si complices, elles étaient adorables. Ethan lui tendit un verre de vin blanc et ils s'assirent à l'îlot principal dans la vaste cuisine pendant que les enfants jouaient dans la cour arrière sous l'œil attentif de Juanita. Pendant ce temps, Nina et Zara s'affairaient au fourneau. Carrie vint se joindre aux hommes.

Nina adorait la cuisine de Carrie, elle était immense et lumineuse. Tout était blanc variant sous différents tons et un puits de lumière au-dessus de l'îlot illuminait toute la pièce. C'était devenu une tradition, quand elle venait passer du temps chez ses amis, environ deux ou trois fois par année, elle se faisait un plaisir de leur préparer des petits plats. Elle avait alors l'impression de vivre une vie de famille l'espace d'un séjour.

— Avez-vous vu le journal ce matin? Dans la section *Arts et Spectacles*, il y a un article sur la soirée d'hier, dit Ethan.

— Non, je t'avoue que ce matin, j'avais d'autres intérêts, dit Jerry en jetant un regard à Nina.

Cette dernière ne broncha pas, mais elle resta attentive à la conversation.

— Il y a une photo de vous deux, dit Carrie.

Il s'agissait d'une photo prise sur le tapis rouge, ils étaient beaux et souriants. Nina était surprise de se trouver si *belle*. Elle avait l'air d'une star, surtout avec Jerry à son bras. Lui, il était tout simplement magnifique. Elle n'en revenait pas de la nuit qu'elle avait passée et il était encore là tout près...

— Il parle de la mission de Nina en Afrique et de la Fondation. C'est vraiment bien pour notre cause, affirma Carrie.

L'article présentait une entrevue avec Carrie. Jerry était heureux de la photo avec Nina, même s'il savait qu'il n'avait pas fini d'en entendre parler. La machine à rumeurs allait repartir de plus belle. Nina n'en souffrirait pas trop, l'Afrique était trop loin d'Hollywood, ils la laisseraient tranquille. Sa dernière relation s'était soldée par un échec, car elle n'en pouvait plus des tabloïds. Même s'il lui disait de ne pas s'en faire et de les ignorer, elle en avait été incapable.

Nina lut l'article et ne fit aucun commentaire. Elle terminait de mettre au fourneau le gâteau au fromage et démarra la minuterie. Les jarrets de veau étaient déjà au four. Il ne lui resterait plus qu'à préparer la salade de mesclun et finaliser l'entrée de tartare au saumon et crevettes quand ils seraient prêts à passer à table. Pour le risotto, elle lancerait la cuisson dans une heure et elle n'aurait par la suite, qu'à faire fondre le chocolat dans la crème afin d'en napper le gâteau au fromage.

Jerry fut investi de la tâche d'aller dresser la table sur l'immense terrasse. Carrie l'y suivit pour donner ses directives.

— Si tu la fais souffrir, tu auras affaire à moi...

Jerry surpris de la menace lui dit :
— Tu n'as pas pensé que c'est peut-être moi qui aurai le cœur brisé?

— Excuse-moi, elle a tellement souffert... Je ne désire que son bonheur...

Ethan leur cria de venir, à la télévision on voyait Nina et Jerry avec Joana Forest. Elle était très belle et son cavalier affichait un sourire de conquérant. Puis on les voyait de dos, continuant à avancer sur le tapis rouge. Un gros plan montra la main de Jerry sur la chute de ses reins dans un geste possessif.

Elle regarda Jerry en souriant tout en levant un sourcil étonné. Il eut un sourire gêné, comme quelqu'un qu'on aurait surpris à faire un mauvais coup.

La narratrice commentait :

« Dr Virginia Grace Myers était l'épouse de John Christian Myers, journaliste de la chaîne Fox kidnappé en Colombie le 2 mai 2000. » Ils montrèrent des images d'un reportage de John où on le voyait parler à la caméra, suivi d'une photo de Nina et John à une soirée de gala sur laquelle on voyait la grossesse avancée de Nina. « John C. Myers fut enlevé par des membres de la FARC, forces armées révolutionnaires de la Colombie. Lors d'une mission sauvetage de l'armée américaine au milieu de la jungle colombienne, il fut tué dans une explosion. » Ils montrèrent des images de Nina qui revenait aux États-Unis à sa sortie de l'avion. Elle portait des verres fumés, mais on apercevait des ecchymoses et son visage était tuméfié. La narratrice racontait le rapt de Nina, mais très peu de détails. On ne parla pas de Sophia. Carrie regarda Nina, inquiète. Cette dernière avait blêmi et elle sortit dehors précipitamment.

Jerry fit un geste pour la suivre, mais Carrie le devança. Il était sous le choc. Il avait déjà entendu cette histoire, mais il ne connaissait personne d'impliqué à ce moment-là. Voir les images de Nina enceinte alors qu'il savait qu'elle n'avait pas d'enfant... Et son visage, elle avait été battue, il n'osait pas imaginer... Il s'assit et vida sa coupe d'une traite. Ethan s'assit à ses côtés en soupirant. Il ne savait par quoi commencer.

— Nous avons connu Nina au Niger il y a six ans. Elle travaillait d'arrache-pied à l'Hôpital de l'Espoir. Elle n'avait pas de vie, travaillait 16 à 20 heures par jour. Malgré tout, elle était toujours de bonne humeur et dévouée, tellement dévouée. Elle n'avait aucun endroit où rester, elle habitait littéralement dans cet hôpital. Elle occupait une petite chambre et un salon qui était utilisé par le personnel médical. Elle n'avait plus un sou. Pourtant, elle possédait plus de cinq millions de dollars lorsqu'elle liquida tous ses avoirs suite à la mort de son mari, mais elle a tout donné pour faire fonctionner l'hôpital. La construction fut financée par l'ONU, mais toutes les dépenses courantes étaient assumées par elle. Elle a aussi été victime de fraude. Elle administre l'hôpital, mais elle ne s'est jamais versé un salaire. Carrie et elle sont devenues très proches, comme des sœurs. Ma femme l'adore et Nina est pour elle comme une sainte.

Jerry réalisait combien elle avait souffert, il ne savait quoi penser.

Ethan continua :
— Elle reçoit maintenant un salaire d'un organisme international et nous avons acheté une propriété où elle demeure. Il y

a un chauffeur qui l'amène au travail et qui va la chercher. Nous assurons sa sécurité, car dans ce pays, une femme seule c'est du suicide. Il y a quelques années, en fait avant que l'on ne fasse cet arrangement avec elle, elle conduisait une jeep et se promenait seule. Elle a failli être tuée par un homme qui s'était caché sur le siège arrière et l'attendait.

— Mon Dieu! dit Jerry. Qu'est-ce que...?

— J'ai hurlé et lui ai arraché son arme des mains, le coupa Nina. Elle s'assit sur un tabouret. Sers-moi un verre s'il te plait Ethan...

— Tu as fait quoi? demanda Jerry incrédule.

Ethan éclata de rire tout en servant du vin à Nina.

— Tu ne connais pas Nina... Elle est tout à fait capable de se défendre. Le pauvre il a eu tellement peur qu'il s'est enfui! D'ailleurs, on a encore son arme à la villa.

— Un jour, je me suis promis que personne ne me ferait plus de mal, je n'accepterai jamais d'être de nouveau une victime. Plutôt mourir. De toute façon, les armes en Afrique ne fonctionnent pas la plupart du temps, ou encore, elles sont tellement mal ajustées que la cible est rarement atteinte.

Elle regarda Jerry, elle voulait lui expliquer.

— Il y a longtemps, dix ans déjà, j'ai connu l'horreur et au lieu de m'enlever la vie, je suis partie en Afrique.

Il frissonna, elle avait dit ça franchement sans hésitation.

— Je voulais partir loin, très loin, pour oublier. La vie on me l'avait enlevée, mon mari, mon bébé, je n'avais plus rien à perdre. Je suis allée en Sierra Leone pendant la guerre civile. L'endroit le plus dangereux de la terre... Je voulais confronter la mort, j'espérais y mourir.

Elle avait la gorge nouée et les larmes aux yeux.

— Car j'étais encore en vie alors que j'aurais dû être morte... Je ne méritais pas de vivre. Il semble que la mort ne voulait pas de moi... Mais... Alors que je croyais aller mourir, j'ai repris vie. La souffrance et la misère autour de moi me faisaient réaliser la chance que j'avais d'être en vie et surtout, *libre*. Tranquillement, je redevenais moi-même et soigner les femmes, les enfants, voir l'espoir dans leurs yeux malgré la guerre... Ils n'ont rien, mais ils gardent espoir... Alors que moi...

Elle ne finit pas sa phrase.

— Je ne pouvais pas revenir aux États-Unis, cette vie-là n'avait plus de sens pour moi. J'avais envie de faire quelque chose d'important, un vrai projet pour sauver le plus d'enfants et de mamans possible. Cette mission m'a ramenée d'entre les morts.

Elle les regarda tous les trois.

— Arrêter de penser que je suis une sainte, car je n'en suis pas une. Pourquoi ai-je tout donné? Ce n'était pas un geste gratuit, croyez-moi. J'en ai retiré de grands bénéfices humains. Aider, sauver ces femmes et ces enfants, ça m'a fait un bien énorme. Je pense que ça m'a sauvé la vie... Vous, vous ne vous rendez pas compte de la chance que vous avez...

Elle regarda Carrie et Ethan.

— Avoir des enfants, une famille, c'est tout ce que je voulais et je me suis retrouvée seule, tellement seule... C'est le sens que j'ai trouvé à ma vie parce que le reste, on me l'a arraché.

Elle se tourna, vit la petite Zara qui jouait dans le salon et partit la rejoindre. La fillette était adorable avec sa peau d'ébène, ses lulus et son sourire éclatant. Elle avait une affection sans borne pour Nina.

Jerry était sans voix, il se passa la main dans les cheveux, il avait besoin de digérer tout cela. Son esprit était embrouillé. Une évidence lui apparut soudain : il voulait protéger Nina et ne pouvait tolérer de la voir souffrir. Elle réveillait en lui des instincts de protecteur. Elle était surprenante, toute la douceur du monde émanait d'elle tandis qu'elle pouvait faire preuve d'une volonté et d'une force de caractère hors du commun.

Il entendit de la musique venant du salon, leva la tête et la vit au piano. Les enfants tout autour d'elle, elle se mit à chanter. Il se leva comme hypnotisé, complètement sous le charme. Elle avait une voix magnifique, douce et sensuelle. Il s'approcha timidement. Soudain, il réalisa que toute cette histoire ne changeait rien, il la trouvait merveilleuse et la désirait toujours plus.

Carrie était un peu inquiète de la réaction que Jerry pourrait avoir, elle avait peur qu'il rejette Nina. Ethan la prit dans ses bras et se fit rassurant :

— Ne t'en fais pas ma chérie, je suis certain que cela ne va rien changer. Il y a quelque chose entre eux... Il est complètement fou d'elle, il ne la quitte pas des yeux, et ça depuis le premier instant. Regarde-le...

Carrie le vit assis sur le rebord d'un fauteuil près du piano et il était béat d'admiration en regardant Nina. Cette dernière ne le voyait pas, elle lisait les partitions et répondait aux demandes spéciales des enfants. Elle chanta une chanson pour chacun d'eux, ils exigeaient toujours les mêmes. Les enfants l'adoraient et chaque fois qu'elle leur rendait visite, elle devait jouer et chanter afin de répondre à leurs demandes incessantes. Et cela la rendait heureuse. Elle rayonnait tout en respirant la joie de vivre en cet instant même, alors que quelques minutes plus tôt, elle racontait le drame de sa vie.

Carrie et Ethan allèrent s'installer au salon eux aussi et prirent part aux chansons en joignant leurs voix. Ils chantèrent tous ensemble, Nina enchaînant toujours selon son répertoire habituel. Soudain, Juanita passa la tête par l'embrasure de la porte et demanda si miss Nina voulait qu'elle finisse de préparer le dîner. Nina cessa de jouer malgré son petit public exigeant et retourna à la cuisine terminer ce qu'elle avait commencé avec l'aide de Juanita.

Cette dernière aimait bien Nina, ses visites mettaient toujours beaucoup de bonheur dans la maison et ce beau monsieur Jerry avait l'air si gentil. Juanita était contente pour miss Nina, si elle et monsieur Jerry... Peut-être qu'elle resterait ici au lieu de retourner en Afrique. Tout le monde serait bien heureux.

Ils passèrent à table sur la terrasse et Juanita assura le service, aidée par Julio. Le souper fut excellent, les enfants mangèrent avec appétit, ce qui était surprenant. Habituellement, il y en avait toujours un qui finissait par demander autre chose. Jerry était assis en face de

Nina et il apprécia beaucoup les talents de cuisinière de cette dernière. Il la complimenta à plusieurs reprises. Tellement que les garçons se moquaient aussitôt qu'il émettait un commentaire. Finalement, ils en firent une véritable farce et n'arrêtaient plus de passer des commentaires sur combien le souper était bon. Ethan les ramena à l'ordre, il ne voulait pas offusquer Jerry, mais ce dernier prit part à leur jeu et s'amusa à les relancer. Le souper se passa donc, dans l'animation et lorsque vint le temps de passer au dessert, Nina en fut contente. Les enfants se turent aussitôt pour savourer et le silence fut bienvenu!

Il était tard, Carrie décida qu'il était temps de les préparer à se mettre au lit. Elle alla avec Ethan coucher leur marmaille. Nina dut aller les embrasser puis elle revint trouver Jerry qui servait le porto dans la cuisine.

— Ouf! Je les adore, mais j'avoue que je ne suis pas fâchée d'avoir un peu de silence.

— Ils sont adorables! Mais il est certain que pour quelqu'un qui n'est pas habitué c'est étourdissant, admit Jerry.

Il la prit dans ses bras et déposa un long baiser sur ses lèvres. Nina soupira de bonheur.

— J'ai eu envie de faire ça toute la soirée... tu sais qu'il est bientôt 23 heures et qu'on a rendez-vous dans ta chambre... lui rappela-t-il avec un sourire.

Il lui sembla que cela faisait une éternité! Elle se rappela la nuit précédente et sentit les papillons s'affoler dans son estomac. Il avait tellement d'effet sur elle, c'était dangereux, mais tellement délicieux...

— Oui, chuchota-t-elle en lui souriant doucement.

— Je te raccompagne?

— Oui, dit-elle dans son oreille. Il sentit monter le désir en lui et n'eut qu'une envie : partir subito presto!

Carrie et Ethan étaient de retour et ils passèrent au salon pour prendre leur digestif. Cette pièce était bordée par des baies vitrées qui donnaient sur la mer. Le clair de lune illuminait les vagues argentées qui déferlaient sur la plage. Nina et Jerry étaient assis côte à côte sur un divan et ce dernier avait entrepris de lui masser les pieds. Nina était aux anges, ils étaient beaux à voir. Ethan était très heureux de les voir si intimes, Carrie s'installa près de lui et il passa un bras autour de ses épaules.

— J'aurais quelque chose à te faire lire Nina, dit Carrie.

— Quoi?

— J'ai terminé une première ébauche du scénario...

— Ah! s'exclama Nina avec surprise. Tu n'as pas perdu de temps!

— Bien, tu m'as remis ton manuscrit il y a plus de six mois...

— Un scénario? Ne put s'empêcher de dire Jerry.

— Carrie veut faire un film sur Nina, dit Ethan.

Jerry était surpris, mais retint ses commentaires, il resta discret.

— Je suis d'accord pour le lire, mais après ce qu'on a vu à la télé aujourd'hui, je ne veux pas qu'on montre la grossesse et le reste. Ils ont seulement parlé de mon enlèvement, on peut passer sous silence mon bébé, sa voix trembla.

Jerry la rapprocha de lui, passa son bras autour d'elle et lui donna un baiser sur le front tout en regardant la mer. C'était donc ça, elle avait perdu le bébé, ils l'avaient battue et... il sentit son cœur se serrer.

— C'est d'accord, répondit Carrie.

Ils discutèrent de maisons de production et de contacts dans le milieu. Jerry n'osa pas poser trop de questions, car cela semblait un sujet sensible pour Nina. Mais il trouvait le projet intéressant et dut se retenir. Puis vint le moment de partir qu'il attendait. Ils se dirigèrent vers le hall d'entrée suivi de Carrie et Ethan. Carrie remit une grande enveloppe à Nina. Elle les embrassa et les serra dans ses bras. Elle devait repartir pour l'Afrique le lendemain.

— Pourquoi ne restes-tu pas plus longtemps? dit Ethan. Tu pourrais quitter l'hôtel et venir ici… Nous n'avons pas eu le temps de te voir, et les enfants seraient si contents.

— Tu sais bien que j'ai du travail et que si je reste, je vais avoir encore plus de difficulté à partir...

Elle baissa la tête, pensant à Jerry, se disant que si elle passait trop de temps en sa compagnie, elle ne voudrait plus partir...

— Je t'appelle demain et je t'accompagnerai à l'aéroport, dit Carrie.

— Avec les paparazzis? Se moqua Nina

— Je mettrai une perruque!

Ils prirent congé et se dirigèrent vers la voiture de Jerry. Il s'empressa de lui ouvrir la portière et la referma aussitôt qu'elle fut assise. Elle n'était pas habituée à tant de galanterie.

— Es-tu toujours aussi galant?

— Oui, ma mère m'a élevé comme ça, je n'y peux rien.

— Ce doit être une charmante personne!

— Oui effectivement. Il la regarda dans les yeux. Je crois qu'elle va beaucoup t'apprécier.

Cela impliquait qu'il avait l'intention de la présenter à sa mère... Elle était excitée à cette idée, mais elle eut peur. « Au jour le jour, se dit-elle. » Est-ce que ça voulait dire qu'elle était plus qu'une aventure pour lui? Elle ne savait que penser, elle vivait en Afrique, il ne fallait pas qu'elle s'attache. Mieux valait que leur relation reste strictement sexuelle et superficielle.

Il prit un chemin qu'elle ne connaissait pas. Elle le lui fit remarquer. Il rit.

— Je t'amène chez moi. Si tu veux, j'irai te porter à ton hôtel demain.

Il lui fit un sourire éblouissant. Elle sentit les papillons revenir. Mon Dieu! Qu'il était beau! Pas question d'en manquer une seconde, elle aurait amplement le temps de le pleurer de retour chez elle...

Il habitait une superbe demeure dans les collines d'Hollywood. La vue panoramique était splendide. Les grilles se refermèrent et il gara la voiture dans un des garages. Il n'eut pas le temps d'aller lui ouvrir la portière, elle le devança et le suivit dans la maison. Architecture moderne, possédant quatre chambres à coucher, cinq salles de bains, une piscine à débordement d'où la vue était superbe et possédant une cour intérieure, Jerry Buchanan n'était pas à plaindre.

— Fait intéressant en Amérique, plus la maison est grande, moins il y a d'occupants!

— Je peux comprendre que si tu compares avec l'Afrique, j'ai l'air d'un millionnaire sans cœur...

— Ne t'en fais pas, je ne peux rien te reprocher puisque je vis moi-même dans un superbe domaine qu'Ethan et Carrie ont acheté. La Villa du Soleil est immensément luxueuse, tellement que j'ai parfois honte d'avoir accepté leur proposition.

— Pourquoi as-tu honte?

— Parce que je travaille avec des gens qui n'ont rien. Même mes collègues médecins ne logent pas dans de telles conditions.

— Nina, c'est pour ta sécurité. Tu as tout donné, tu mérites bien d'avoir du luxe!

Il l'attira à lui et l'embrassa tendrement.

— Viens dans mes bras, Mère Thérèsa!

— Je ne pense pas que Mère Thérèsa aimait le sexe, chuchota-t-elle.

— Elle n'avait pas ta beauté non plus, dit-il en lui retirant son débardeur. Rapidement, elle se retrouva à moitié nue dans la salle de séjour, il l'embrassa doucement, caressant ses seins amoureusement. Elle lui retira son polo effleurant son dos musclé.

Ils montèrent les escaliers dans une étreinte torride, éparpillant le restant de leurs vêtements sur leur passage. Rendus à l'étage, ils étaient nus et il la souleva dans ses bras. Elle enroula ses longues jambes autour de sa taille et mit ses bras autour de son cou, tout en l'embrassant goulûment. Elle sentait son érection tout contre son sexe pendant qu'il marchait, il la déposa sur le lit.

Il n'avait jamais ressenti un tel désir pour une femme, il frissonna de la tête au pied. Elle bougeait sous lui, chaude, douce, humide, étroite. Il l'embrassait à pleine bouche, elle insinuait sa langue dans sa bouche au même rythme que ses coups de reins. Elle le rendait complètement fou de désir et plus il augmentait le rythme, plus elle se cambrait pour aller à sa rencontre. Soudain, elle le repoussa, il retomba sur le côté surpris, elle entreprit de grimper sur lui. Idiot, il n'avait pas compris son intention. Il l'aida à passer ses jambes de chaque côté de ses hanches et il s'arqua pour la pénétrer profondément.

Il l'admira dans toute sa splendeur, elle le chevauchait avec passion, ses seins bougeant au rythme de ses mouvements. Elle rejeta la tête vers l'arrière pour repousser ses longs cheveux dégageant ainsi son visage et le regarda. Elle était magnifique... Elle lui sourit puis se pencha pour l'embrasser. Il la prit par les hanches afin de l'accompagner et il l'amena ensuite plus près de lui afin d'avoir ses seins au-dessus de son visage. Il lâcha ses hanches pour prendre sa poitrine de ses mains et embrasser tout ce qu'il pouvait attraper de sa bouche gourmande pendant qu'elle jouissait. Il pouvait sentir les soubresauts autour de son membre puis elle l'inonda de son nectar. Il la prit par les hanches afin qu'elle n'arrête pas et il jouit à son tour, formidable orgasme qui le laissa sans voix. Elle s'effondra sur lui.

Il lui caressait le dos, les cheveux, embrassait son visage. Elle était merveilleuse, il ne pourrait plus se passer d'elle. C'était la fin du monde tel qu'il l'avait connu. Désormais, il n'aurait de cesse de la revoir et de lui faire l'amour. Elle s'allongea près de lui. Ils se regardaient, les mots étaient inutiles. Ils se demandaient tous les deux si l'autre ressentait la même chose.

— Ta piscine, est-ce qu'on peut y aller nus?

— Quelle bonne idée!

Elle l'embrassa, passa par le cabinet de toilette puis sortit pour descendre à la piscine. Elle marcha nue devant lui en lui jetant un regard malicieux. Son teint basané était effectivement un bronzage, car on voyait la démarcation d'une culotte bikini sur ses fesses. Mais à la poitrine, c'était un bronzage intégral. Il se leva du lit et partit à sa suite. Il la vit descendre dans la piscine telle une nymphe, plonger dans l'eau et se tourner vers lui.

— Est-ce que tu veux boire quelque chose?

— Tu as de l'eau Perrier?

— San Pellegrino?

— Parfait, merci.

Il se prit une bière et lui amena sa boisson. Il était nu et elle ne se lassait pas de le regarder. Il avait un corps d'athlète, des épaules larges, un torse puissant et des jambes si musclées, mmm... sans parler de son membre viril, elle leva un sourcil tout en l'admirant. Il le remarqua et lui dit :

— Quelle est cette expression?

— Quelle expression?

— Espèce de coquine, je vais commencer à croire que tu es une croqueuse d'hommes...

— Je suis seulement sous l'emprise de ton charme de séducteur, lui dit-elle en le gratifiant d'un sourire mutin.

Il sourit tout en entrant dans l'eau, elle était délicieuse. Il se baignait rarement et jamais en aussi bonne compagnie.

— La nuit s'annonce merveilleuse, tout comme celle d'hier, dit-il en l'enlaçant.

— J'étais loin de me douter à mon arrivée, il y a quelques jours que je passerais des moments aussi mmm... elle répondit à son baiser.

Il devint soudain sérieux.

— Ethan a raison, tu pourrais retarder ton départ.

Elle se racla la gorge afin de se donner une contenance.

— Je ne sais pas, j'ai des quarts de garde...

— Si tu ne veux pas rester, j'irai avec toi, je ne travaille pas pour quelques semaines…

— Venir avec moi? C'est l'Afrique! Tu as besoin d'un visa et de vaccins.

— Combien de temps pour le visa? Les vaccins, je pense que ça va, je suis allé en tournage au Maroc l'an dernier et j'en ai eu toute une panoplie!

— Au Niger, il y a une épidémie de méningite. Tu as besoin de plusieurs vaccins et ils ne sont efficaces qu'après deux semaines. Hors de question que tu prennes des risques...

Elle lui donna un doux baiser sur les lèvres. Elle était touchée qu'il veuille venir avec elle. Encore ces papillons dans l'estomac...

— Alors, reste avec moi jusqu'à ce que je puisse t'y accompagner.

Il n'avait pas envie qu'elle retourne là-bas toute seule, Ethan avait dit que c'était dangereux. Ce fut comme une révélation : il la connaissait depuis deux jours et déjà, il ne pouvait plus se passer d'elle. Il ne pourrait pas supporter de la perdre.

Elle le regardait, incertaine, fouillant son regard, il semblait sincère. Il l'embrassa doucement et elle se colla contre lui en lui rendant son baiser. Il se fit plus insistant et elle passa ses jambes de chaque côté de lui, ses seins flottant tout contre son torse. Il prit son visage entre ses mains et la regarda dans les yeux.

— Je suis sérieux, *muirnin,* reste avec moi le temps qu'il faut.

Il lui avait parlé d'un ton de voix si grave et désarmant qu'elle sentit l'émotion la gagner.

— Comment m'as-tu appelée? demanda-t-elle, haletante.

— *Muirnin,* cela veut dire bien-aimée en irlandais... dit-il gêné.

— C'est tellement beau! Elle en eut les larmes aux yeux. Mais je croyais que tu étais écossais?

— Oui, mais ma mère est irlandaise. Il fit une pause et la regarda droit dans les yeux.   Je sais que tu ressens la même chose que moi. Il y a vraiment quelque chose entre toi et moi et je ne veux pas que tu t'en ailles. Je veux qu'on prenne notre temps et je n'ai pas envie que tu me quittes demain. Reste avec moi.

Elle se mordillait la lèvre, hésitante. Tout compte fait, elle ne pouvait lui résister surtout quand il la regardait avec cette expression...

— D'accord, je vais rester quelque temps.

Il l'embrassa et la serra fort dans ses bras. Elle ne le quitterait pas tout de suite.   « Vis le moment présent, se dit-elle. »

Ils sortirent de la piscine et firent l'amour doucement sur le tapis moelleux de la salle de séjour. Il ne lassait pas d'elle et Nina s'abandonna   à   son   bonheur   tout   neuf.

CHAPITRE 4

Seattle, États-Unis

Juin 2000

Elle regardait la télé sans la voir, un reportage sur *Médecins sans frontières*. L'Afrique. Publicité de l'UNICEF : « Sauvez un enfant grâce à votre don ». Elle n'avait plus rien à faire ici, Virginia Myers était morte en Colombie. Sa décision était prise, elle partirait en mission humanitaire. De longs frissons parcoururent son corps, ses cheveux se raidirent sur sa tête, elle *sentit* que c'était ce qu'elle devait faire.

Lors de ses études en médecine, elle avait envisagé d'aller faire un stage au Bénin, mais son père étant tombé malade, elle avait dû abandonner son projet. L'Afrique l'avait toujours attirée, elle pourrait s'y sentir utile et pourrait oublier sa douleur. Peut-être que toute cette misère et cette souffrance n'étaient pas veines. Ce n'était pas ici à la clinique de médecine familiale qu'elle donnerait un nouveau sens à sa vie. De plus, elle n'avait rien à faire de tout cet argent, elle l'utiliserait pour une bonne cause.

Médecins sans frontières, leur site web ne disait pas grand-chose : plusieurs missions en cours en Afrique, pouvait-on choisir sa destination? Elle téléphona, la dame était très gentille, Nina devait fournir une copie de ses diplômes et remplir le formulaire d'évaluation. Elle devrait passer une entrevue. Il fallait faire une demande de visa, mettre à jour sa vaccination, passer un examen médical, bref, ne s'engageait pas qui veut sur un coup de tête. On avait amplement le temps de changer d'idée durant tout ce processus.

Médecins sans frontières avait des missions dans tous les points chauds du globe. Elle devait suivre plusieurs formations médicales afin de connaître les maladies infectieuses et autres situations courantes dans un pays africain en guerre civile.

Son choix : la Sierra Leone en guerre civile depuis 1991 pour le contrôle des zones diamantifères. Plus d'un million et demi de réfugiés en déplacement. Les Nations-Unies assuraient une présence avec un déploiement de Casques bleus, plus de douze mille hommes. De nombreux enfants travaillaient dans les mines de diamants, sous des conditions atroces et très dangereuses. Beaucoup d'enfants-soldats avec toutes les horreurs de la guerre, meurtres, viols, bref, une vraie partie de plaisir. Les Nations-Unies avaient déclaré un embargo sur l'exportation des *diamants du sang.* C'était presque une mission suicide et la colère était son moteur. Elle se foutait complètement de sa sécurité voire de sa vie, mourir n'était pas un problème pour elle.

Elle dut prendre un avion militaire de Londres, qui atterrit à Lunghi, le seul aéroport du pays. Ensuite, plus de dix heures de trajet en Jeep militaire pour se rendre au camp de réfugiés où était situé un hôpital de fortune. Durant tout ce trajet, elle ne dit mot. Le cœur vide, elle regardait le paysage distraitement.

La poussière omniprésente, la sécheresse, ils n'avaient pas reçu une seule goutte de pluie depuis des semaines. C'était la saison sèche et il faisait plus de 35 degrés Celsius. La Jeep fut arrêtée par un barrage : contrôle serré de l'armée sierra-léonaise. Les Casques bleus étaient calmes et elle collabora machinalement en sortant ses papiers.

Arrivée au camp de réfugiés, elle fut surprise par toutes les clôtures, cela lui donna l'impression d'une prison. Le danger devait être extrême pour que tous ces gens s'entassent derrière ces clôtures. Un autre contrôle, plus amical celui-là. Ils étaient attendus : dans le camion du convoi se trouvaient des médicaments et des fournitures médicales.

Il y avait là une équipe de trois médecins et quelques infirmières, de toute évidence c'était insuffisant. La majorité du personnel soignant était militaire et ils étaient entourés de soldats. Ces derniers avaient pour tâche d'assurer la sécurité de tout le monde en maintenant l'ordre et en distribuant équitablement les rations d'eau et de nourriture. Plusieurs dizaines de milliers de réfugiés : hommes, femmes et enfants vivaient sous les tentes de fortune.

Les derniers affrontements remontaient à plus de six mois. Ils connaissaient une accalmie donc, pas d'explosion, pas de bombardements. Nina croyait qu'elle serait au milieu d'une guerre civile, mais elle se retrouvait dans un camp de réfugiés et connut les affres de la faim. Ils mangeaient un seul repas par jour, la nourriture étant rationnée. Elle avait la nausée constamment, parfois la douleur de la faim lui sciait le ventre. Son corps finit tout de même par s'habituer...

Tous les jours, de nouveaux réfugiés arrivaient blessés, déshydratés et affamés. Les enfants étaient les plus mal en point, souffrant de toutes sortes de carence. Il y avait beaucoup de femmes enceintes. Il n'y avait aucun moyen de contraception et les femmes ne connaissaient rien, pas même la simple méthode du calendrier. Ces femmes étaient si jeunes... En Amérique, à cet âge, il s'agissait d'adolescente en crise existentielle alors qu'ici, elles étaient mères de famille et avaient déjà perdu un enfant ou leur mari...

Les membres de l'équipe médicale venaient d'un peu partout : Canada, France, Allemagne, Angleterre. Nina se mêlait peu au groupe, préférant rester en retrait. En fait, elle n'avait pas envie de se faire des amis et elle les trouvait trop bavards.

Elle appréciait la compagnie des militaires qui ne parlaient pas pour rien et qui ne posaient pas de questions. Ils jouaient aux cartes et racontaient toutes sortes d'histoires invraisemblables. Elle sentait qu'elle alimentait les conversations et elle était heureuse de s'être fait couper les cheveux à la garçonne avant son départ pour la Sierra Leone. De cette façon, elle attirait moins l'attention des hommes. Elle se demandait si quelqu'un avait raconté son histoire, car parfois elle surprenait des regards scrutateurs.

Le travail quotidien était intéressant, de la médecine générale ou des chirurgies mineures et ce qu'elle préférait, des accouchements. Elle assistait le chirurgien Alex Stuart, ils en avaient un seul, ce qui était inestimable. Elle n'avait pas choisi la chirurgie, mais elle avait eu l'intention de continuer ses études afin de se spécialiser en obstétrique-gynécologie avant de tomber enceinte. Après l'avoir assisté pour quelques césariennes, il décida qu'il était temps pour elle de passer à l'acte, elle était une bonne élève et avait beaucoup de dextérité.   Par la suite, toutes les césariennes furent l'apanage de Nina.

Ils avaient un bloc opératoire, en vérité le seul vrai édifice du campement, et ils avaient deux fours pour stériliser les instruments. Tout l'équipement était désuet et ils devaient parfois faire preuve d'ingéniosité afin de compenser les manques de ressources et de matériel flagrants. Les principales chirurgies étaient des amputations, réparation de mutilation ou traumatisme, fracture ouverte, blessure par balle ou arme blanche, césarienne, bref de la chirurgie d'urgence. Les mutilations étaient très fréquentes puisque les rebelles avaient l'habitude de couper les mains ou les pieds de leurs victimes.

Alex était un homme intéressant. Chirurgien de formation, il avait embrassé une carrière militaire. Il avait certainement plus de 50 ans, mais il refusait de divulguer son âge. Il s'avéra être une mine d'information, ses connaissances étaient infinies et il était d'une culture extraordinaire. Curieux personnage en fait, si intéressant, mais si seul... Il cachait sûrement un lourd secret, des souffrances inavouables. Comme elle... C'est pourquoi, ils s'entendaient si bien, pas de questions, pas de sous-entendus.

Nina adorait travailler avec lui. Il lui en apprenait beaucoup, les conditions extrêmes dans lesquelles ils travaillaient demandaient beaucoup d'imagination et de débrouillardise. La médecine qu'elle avait pratiquée aux États-Unis n'avait rien à voir avec cela. Ils n'avaient aucun moyen diagnostique, ils devaient se fier uniquement à leur sens, à leurs observations, ce qui développait leur esprit de déduction. Cela les obligeait aussi à accepter leur limite et à admettre le malheureux sort qui attendait parfois leurs patients.

Au contact des malades, Nina redevenait elle-même. Malgré toutes leurs souffrances, voir l'espoir et parfois le bonheur simple dans leurs yeux lui faisait le plus grand bien. L'espoir fait vivre, l'espérance de jours meilleurs… La gratitude qu'ils manifestaient aidait Nina à continuer, et l'espoir se mit à l'habiter elle aussi.

Il y avait à soixante-quinze kilomètres, une station de ravitaillement et Nina se porta volontaire pour accompagner le convoi militaire. Ils devaient aller chercher des fournitures médicales ainsi que des provisions de toutes sortes. Elle avait besoin de sortir du camp et désirait voir un peu du pays. Elle ne craignait rien, car les Casques bleus étaient rarement victimes d'attaque, car ils ne prenaient pas part au conflit. De plus, il n'y avait pas eu de combats au pays depuis plusieurs mois.

Alex lui avait remis une liste de ce qu'ils avaient besoin. Ils durent partir tôt, car les routes étant très accidentées, ils devaient compter plus de quatre heures pour faire les soixante-quinze kilomètres. Nina voyageait dans une Jeep avec deux militaires. Ils étaient suivis par un camion de convoi et une autre Jeep. Ils étaient armés même s'ils avaient l'ordre de ne pas tirer. Ils pourraient défendre leur vie, mais en aucun cas ils ne devaient prendre part dans un conflit. Ils arrivèrent un peu avant midi, le camion fut chargé rapidement par les militaires sur place pendant qu'ils mangeaient et se rafraichissaient.

Au retour, la Jeep dans laquelle elle prenait place fermait le convoi. Ils firent une crevaison. Le temps d'arrêter pour mettre la roue de secours, le convoi était loin devant, car cette partie de la route était droite pendant quelques kilomètres. À l'aide de la radio, ils les avisèrent de leur retard.

Soudain, des coups de feu retentirent. L'un des soldats lui cria de se coucher dans la Jeep. Ils sortirent leurs armes et attendirent de voir d'où provenaient les tirs. Encore des coups de feu à l'arrière de la Jeep. Nina entendait les balles riposter sur le métal et résonner dans ses oreilles. Elle était couchée dans le fond de la Jeep les mains sur la tête. Elle tentait de garder son calme en se disant que cela ne servait à rien de paniquer. Elle réalisa soudain qu'elle ne voulait pas mourir, elle pensait à Alex, aux autres membres de l'équipe et à ses mamans enceintes qu'elle suivait... Elle avait cru vouloir mourir, mais voilà que non, elle voulait vivre! Elle porta une oreille attentive : un des deux soldats parlait en chuchotant, il s'agissait de Jeffrey :

— Ils sont deux hommes cachés derrière le rocher là-bas, leurs armes sont mal ajustées, car ils nous visent, mais leurs balles volent partout... Je vais aller par les bois et tenter de me rapprocher afin de mieux évaluer la situation. Billy, tu vas me couvrir. Vous docteur, ne bougez pas.

Billy tira plusieurs coups de feu, les hommes se cachèrent derrière le rocher et ne virent pas Jeffrey détaler dans leur direction. Billy dut arrêter afin de recharger son arme et Nina attendait silencieusement, priant pour que Jeffrey revienne sain et sauf. Elle l'aimait bien, il était gentil et drôle. De plus, elle savait qu'il avait une fiancée qui l'attendait au Canada.

Les hommes se remirent à tirer sur eux, Nina attendait toujours dans la même position. Elle avait chaud sous le soleil de plomb et une odeur d'essence lui donnait la nausée. Soudain, elle entendit des coups de feu au loin et des cris, c'était Jeffrey! Elle se releva avec précaution et l'aperçut au loin qui leur faisait signe. Contente, elle sortit du véhicule en cherchant Billy du regard et elle le vit étendu sur le sol, il avait reçu une balle en pleine poitrine. Elle courra pour le secourir, mais il n'avait plus de pouls. Elle voulut tenter des manœuvres, mais vit du sang provenant de son oreille, il avait été touché à la tête également. Elle essuya ses larmes en reniflant bruyamment. Il n'avait pas eu de chance, si jeune, elle ne savait même pas quel âge il avait.

Jeffrey arriva en trombe et le vit. Il baissa la tête, ce n'était pas le premier frère d'armes qu'il perdait. Voyant Nina qui pleurait, il la serra contre lui pour la réconforter. Elle se ressaisit vite. La Jeep était en mauvais état, deux pneus crevés et le réservoir d'essence fuyait. En fait, il s'était complètement vidé. Ils avaient un bidon d'essence, mais il faudrait colmater la fuite. Pour clore le tout, ils avaient encore beaucoup de kilomètres à parcourir. Jeffrey prit la radio, elle ne fonctionnait plus. Il soupira et regarda sa charmante compagne.

— Nous avons deux options. Soit, nous faisons un campement ici, car la nuit va bientôt arriver et je suis certain qu'ils vont revenir nous secourir. Ou bien, nous marchons. Nous n'avons pas beaucoup d'eau et de munitions.

Nina ne savait pas quoi faire, elle réfléchit et lui dit :

— Je pense que marcher n'est pas une bonne option. Si nous restons ici, nous pourrons voir si quelqu'un arrive et nous pourrons nous défendre. Ou encore, nous pourrions nous cacher dans les bois...

— Je vais essayer d'arranger le réservoir... Monte la garde.

Il lui remit l'arme de Billy.

— Je ne sais pas comment me servir de ça...

— C'est vrai? Il avait oublié qu'elle était médecin. Le cran de sureté est là, tu vises et tu appuies sur la gâchette.

Pendant que Jeffrey fouillait dans la Jeep, Nina aperçut un véhicule au loin sur la route. Jeffrey prit ses jumelles pour scruter les nouveaux arrivants. Il ne dit mot, ramassa tout ce qu'il put et lança le sac de Billy à Nina. Puis il se mit à courir en lui criant de le suivre. Elle prit peur et courut à toute vitesse derrière lui. Ils s'enfoncèrent profondément dans la jungle. Ils cavalaient depuis longtemps lorsqu'enfin il lui laissa un moment de répit. Nina respirait difficilement et souffrait de crampes à l'abdomen et dans les mollets. Tranquillement, elle reprit son souffle appuyée sur un tronc d'arbre. Soudain, elle réalisa qu'ils n'étaient peut-être pas en sécurité dans cette contrée sauvage...

Jeffrey ne semblait pas souffrir outre mesure de leur course folle. Il respirait calmement et mis à part la sueur qui dégoulinait de son front, il semblait en pleine capacité de ses moyens. Il sortit une boussole et une carte. Il lui montra le camp de réfugiés et leur position approximative. Nina fut quelque peu rassurée, au moins ils ne se perdraient pas.

— Est-ce que tu crois qu'ils nous ont suivis? chuchota Nina.

— Non, si ça se trouve, ils ne nous ont pas vus et ils vont seulement voler la Jeep et croire que le reste du convoi a déguerpi. Nous avons couru plus d'un kilomètre et nous étions partis bien avant leur arrivée.

Il se leva et continua à avancer. Nina le suivit presque malgré elle, mais elle n'avait pas le choix, elle devrait lui faire confiance. Jusqu'ici, cela lui avait servi. Il était bel homme : grand, brun avec des yeux bleus, il devait être populaire auprès des filles. Ils marchaient depuis plus de deux heures, lorsque la lumière du soleil faiblit, ou était-ce les nuages? Elle leva les yeux vers le ciel.

— Je crois que nous allons avoir un orage...

— Nous ferions mieux de nous mettre à l'abri.

Il fouilla dans son sac à dos et monta une tente entre les arbres. Le jour déclinait et il se mit à tomber des cordes. Ils se réfugièrent sous la tente. En fait, c'était sûrement une tente pour un seul occupant, car on était très à l'étroit et leurs corps se touchaient peu importe la position qu'ils adoptaient. Il faut dire que Jeffrey avait une carrure imposante, il mesurait près de deux mètres.

— Est-ce que tu veux que je monte l'autre tente?

— Non, je ne veux pas être seule... je peux me faire toute petite…

Il sourit et se tassa dans un coin. Il fouilla dans un des sacs et sortit de la nourriture en sachet. Qui s'autoréchauffe, ingénieux!

— Que préfères-tu? Bœuf aux légumes ou poulet?

— Le poulet, et de l'eau s'il te plait.

Il lui donna une gourde et entreprit de la servir. Ils se mirent à discuter, la proximité déliait la langue, car Nina n'était pas bavarde d'ordinaire et Jeffrey n'ont plus. Il lui raconta qu'il avait reçu une lettre cette semaine de sa fiancée Lizzie, dans laquelle elle affirmait qu'elle en avait assez d'avoir peur de le perdre et d'attendre son retour. Il était parti depuis de nombreux mois et elle le quittait. Nina fut désolée pour lui, il semblait en être véritablement amoureux. Il en parlait souvent et trainait une photo d'elle. Elle parla pour la première fois de John et de sa disparition. Elle lui raconta sa peine et sa colère et il comprit ce qu'elle était venue faire ici. Elle ne put s'empêcher de sangloter, c'était la première fois depuis l'enterrement de John qu'elle se laissait aller à pleurer. Pourtant, elle avait cru avoir tari toutes les larmes de son corps ce jour-là.

Jeffrey s'approcha d'elle et la prit dans ses bras pour la réconforter, il en avait besoin lui aussi. Il la berça doucement. Elle cessa de pleurer et renifla. Elle se laissa aller contre lui. Le bruit de sa respiration et les battements de son cœur tout près, lui firent le plus grand bien. Les bras d'un homme; cela lui manquait. Puis dans un élan, il l'embrassa tendrement. Elle lui rendit son baiser, ressentant le besoin primitif de se sentir vivante. La mort guettant tout près, ils firent l'amour. Le désespoir se sentait dans leurs caresses, dans leurs baisers. Leurs corps célébraient la vie, dans toute sa simplicité, un homme, une femme, une nuit. Avec l'horreur de la guerre en toile de fond.

Le lendemain, ils partirent dès l'aube, la pluie ayant cessé. Ils marchèrent à un bon rythme toute la matinée, le temps étant nuageux et humide. Ils retrouvèrent la route et la suivirent, mais en bordure afin de pouvoir se cacher au besoin. Ils virent une Jeep approcher au loin devant eux. Il s'agissait de Casques bleus et ils attendirent fébriles. Nina était très heureuse, ils étaient sains et saufs. Elle eut une pensée pour Billy. Jeffrey et elle s'étaient entendus pour garder leur escapade secrète, car il pourrait avoir des représailles en tant que militaire en mission.

Ils arrivèrent au campement en fin d'après-midi et ils furent accueillis chaleureusement. Jeffrey dut donner un rapport complet, car il y avait eu mort d'homme et Nina fut appelée sous la tente du commandant pour corroborer l'histoire de Jeffrey.

Son équipe médicale l'accueillit avec chaleur et Alex la serra très fort dans ses bras. Elle lui rendit son étreinte, heureuse de le revoir. Il était devenu comme un mentor pour elle et elle l'appréciait de plus en plus. Elle était heureuse d'être en vie et elle fut reconnaissante à Jeffrey de l'avoir ramené saine et sauve. Ils se firent très discrets, se côtoyant très peu afin d'éviter les soupçons. Le soir, parfois elle pensait à lui en se demandant si elle occupait ses pensées, si cela avait compté un peu pour lui.

Jeffrey quant à lui, ne pouvait oublier les brefs moments passés en sa compagnie. En d'autres circonstances, il aurait aimé la fréquenter. Après plus de dix mois de mission, il devait retourner chez lui au Canada, il ne lui restait plus beaucoup de temps avant son départ. Il décida de lui écrire une lettre qu'il lui remit discrètement la journée de son départ. Elle fut surprise et se rendit dans les toilettes pour la lire fébrilement :

Chère Nina,

Je quitte pour retourner auprès de ma famille et bien que j'attende ce moment depuis longtemps, je pars aujourd'hui le cœur lourd. Je voulais t'écrire cette lettre afin que tu comprennes mes sentiments. Depuis longtemps, je t'observe de loin. Tu es tellement généreuse, tu soignes les gens avec cœur. Tu as toujours les mots pour réconforter, tu dégages tellement de douceur et de bonté... Je veux te remercier de la confiance que tu as mise en moi en me racontant la perte de ton mari, cela m'a beaucoup touché.

Je suis désolé d'avoir profité de ta faiblesse ce soir-là et je ne veux pas que tu penses que je me suis servi de toi pour assouvir un désir refoulé depuis longtemps. La nuit que nous avons passée ensemble dans cette jungle sous la tempête, isolée du reste du monde, je ne l'oublierai jamais. Tu m'as donné beaucoup d'amour alors que j'en avais besoin et je t'en remercie. J'avais le cœur brisé et tu m'as fait un cadeau inestimable. J'ai réalisé que la perte de ton mari a dû être terrible pour que tu quittes tout et te lances dans ce merdier.

Je comprends mieux Lizzie qui dit ne pas pouvoir accepter de vivre dans l'attente de ma mort et je réalise que je ne voudrais pas qu'elle vive un tel drame. Cette fille je l'aime vraiment et je vais tenter ma chance auprès d'elle encore une fois et si elle accepte, je quitterai ma carrière de militaire.

Je ne sais pas si un jour je te reverrai, mais sache que tu es une femme exceptionnelle. Je suis fier d'avoir croisé ton chemin et ne t'oublierai jamais.

Jeffrey Malone

CHAPITRE 5

Sierra Leone

Novembre 2000

Un certain jour de novembre, les Casques bleus ramenèrent un petit garçon d'environ huit ans qui avait été affreusement mutilé. On lui avait coupé les deux avant-bras avec une machette. Il était dans un piteux état, les plaies étaient infectées et les os étaient à découvert. Ils l'avaient retrouvé parmi plusieurs cadavres. Les militaires furent avares de détails, mais le petit garçon leur raconta sa terrible histoire.

Il se nommait Ernest et vivait tranquillement dans un petit village avec sa famille quand un groupe de rebelles étaient venus et avaient tout pillé et saccagé. Ils avaient tué tous les hommes et les bébés, violé toutes les femmes devant les enfants pour ensuite les mutiler et les décapiter sous leurs yeux. Ensuite, ils avaient dit aux enfants qu'ils subiraient le même sort s'ils ne les suivaient pas. Le petit garçon était devenu cuisinier vu son jeune âge, tandis que son frère de onze ans était devenu soldat et par le fait même un meurtrier et un violeur. Les enfants étaient drogués, ils leur faisaient fumer de la marijuana et même que certains avaient droit à des drogues injectables. Quand ils rencontraient des passants, ils faisaient une « loterie » : un bras, deux bras ou une jambe... Parfois durant l'amputation, Ernest était chargé de mettre un garrot pour empêcher l'hémorragie. Il avait même dû aider à tenir un homme auquel on avait coupé les jambes avec un sécateur.

Ernest leur raconta comment il avait eu les bras coupés. Quelques jours plus tôt, ils avaient croisé une femme enceinte, vraiment grosse. Ils avaient parié sur le sexe du bébé apparemment, le pari avait été très élevé. Le chef ordonna qu'on lui ouvre le ventre pour connaître le sexe de l'enfant puis ils avaient découpé la femme et le bébé pour les manger. La nourriture se faisait rare... Il fallait fumer la viande et la mettre dans des sacs qu'ils transportaient sur leurs épaules. Ernest avait vomi à plusieurs reprises, et le chef lui avait dit que s'il ne coopérait pas il subirait le même sort... Il avait été incapable de faire son travail de cuisinier, c'est pourquoi on lui avait amputé les deux bras. Ils l'avaient laissé là et il n'avait pas eu la force de se lever pour marcher à leur suite.

Le récit d'Ernest ébranla toute l'équipe, mais surtout Nina. Elle sortit précipitamment, car elle avait besoin de prendre l'air. Elle était encore sous le choc de l'abominable histoire de ce petit homme. Elle connaissait les histoires de mutilations et d'esclavage sexuel des jeunes filles, ils en avaient d'ailleurs quelques une dans le camp.

Mais l'histoire de cette femme enceinte et de ce bébé qu'ils avaient tués et décapités afin de les manger était le summum de l'horreur.

Elle pleurait à chaudes larmes quand Alex la trouva. Il passa son bras autour des épaules de Nina afin qu'elle puisse s'appuyer sur lui. Ce qu'elle fit. Elle pleura doucement, reniflant de temps en temps. Il resta longtemps silencieux, attendant qu'elle soit calmée. Ils marchèrent dans le camp, les tentes des réfugiés étaient derrière les clôtures, ce qui leur laissait une certaine intimité. Pour la première fois, elle lui parla de l'enlèvement de John. Elle lui dit également qu'elle avait perdu son bébé suite à son enlèvement sans entrer dans les détails. Alex l'écouta posément, mais n'émit aucun commentaire. Il était content qu'elle s'ouvre à lui. Elle avait du chien, mais en même temps elle était capable d'une douceur et d'une générosité sans borne.

— Et toi cher Alex, raconte-moi ton horreur….

Il la regarda surpris.

— Je ne sais pas si tu as vraiment envie de savoir… Je suis un alcoolique qui est sobre depuis plus de vingt ans…

Le 18 janvier 2002 fut la fin de la guerre civile. Une diminution progressive des effectifs des Casques bleus fut engagée. Le camp de réfugiés se vida peu à peu, plusieurs membres de l'équipe terminèrent leur mission. La reconstruction du pays et le renforcement de l'armée sierra-léonaise devinrent la mission principale des forces armées de l'ONU.

Nina venait de passer une année en Sierra Leone, et elle décida tout de même de poursuivre son engagement avec *Médecins sans frontières*. Il y avait une endémie de méningite au Niger et une campagne de vaccination massive devait être mise en place. Alex allait poursuivre en Sierra Leone, son contrat avec l'armée canadienne se terminait dans moins d'un an. Il dit à Nina qu'il prendrait alors sa retraite de l'armée. Il voulait garder contact et lui ferait signe. La retraite signifiait la fin de sa carrière militaire, mais il voulait continuer l'aide humanitaire et *Médecins sans frontières* pourrait devenir une option pour lui. Il n'était pas question pour Nina de revenir aux États-Unis, personne ne l'y attendait et elle n'y voyait aucun intérêt. De nouveaux défis l'attendaient et elle avait hâte de découvrir sa nouvelle mission.

CHAPITRE 6

Ottawa, Canada

1981

Alexander Stuart travaillait comme chirurgien à l'Hôpital Général d'Ottawa depuis quelques années déjà. Il était passionné par son travail et passait de longues heures à l'hôpital. Sa femme, Miranda était enseignante dans une école primaire. On était en juillet et Miranda attendait impatiemment les vacances de son cher mari afin d'aller passer le reste de l'été dans leur chalet au bord d'un lac avec leur petite fille Victoria, âgée de quatre ans. Il ne lui restait qu'une semaine avant les vacances et il commençait sérieusement à s'impatienter lui aussi.

Ce matin-là, ils s'étaient disputés, elle lui reprochait de passer plus de temps avec ses collègues et ses patients qu'avec sa famille. La dévotion d'Alex pour son travail irritait parfois son épouse. Il avait quitté la maison le cœur lourd, incapable de se désister à son devoir, car il était de garde pour les trois prochains jours. Ce qui impliquait qu'il serait absent et rentrerait pour dormir au petit matin, s'il était chanceux. Le rythme infernal de sa journée ne lui laissa pas le loisir de penser à ses problèmes personnels. Le contact avec ses patients et son amour de la médecine réussirent tout de même à lui redonner un semblant de bonne humeur.

Il n'avait toujours pas fini sa tournée des unités de soins, car il avait opéré toute la journée. Vers 21 h, il reçut un appel de la salle d'urgence. Un homme de quarante ans venait d'être amené, blessé gravement, il devait être opéré d'urgence. Il avait un grave traumatisme au thorax et souffrait d'une hémorragie interne. Alex descendit en salle de trauma afin d'évaluer l'état du patient avant de l'accompagner au bloc opératoire.

— Bonsoir Docteur, dit Caroline l'infirmière de traumatologie. Encore un récidiviste de l'alcool au volant, ajouta-t-elle d'un air désolé. Les ambulanciers parlent de deux décès, les corps devraient être transportés par l'autre équipe, à condition de pouvoir les sortir du véhicule qui est un véritable tas de ferraille sous le camion-remorque...

— C'est malheureux, répondit-il. Mais nous allons tout de même tenter de lui sauver la vie...

Il s'agissait d'un accident majeur où plusieurs véhicules avaient été impliqués, dont un camion-remorque. Alex écouta la conversation des infirmières distraitement tandis qu'il parcourait le dossier et complétait son protocole opératoire. La chirurgie dura plus de deux heures, et une fois le patient hors de danger en salle de réveil, il reçut un appel. Il s'agissait d'un de ses collègues chirurgiens.

— Carter? Que fais-tu? Tu n'es pas de garde... C'est moi qui couvre pour les deux prochains jours...

— Alex, tu dois venir me rejoindre à la salle du personnel de l'urgence, je dois te parler...

— Si c'est toi le coroner, je peux te dire que j'ai déjà demandé les tests d'alcoolémie pour mon patient...

— Viens, je t'attends.

Alex descendit tranquillement, Carter était coroner à ses heures. Il était sûrement là pour rédiger les constats de décès et commencer l'enquête... Le patient d'Alex était en état d'ébriété avancé et l'accident avait été causé par sa négligence. Il se rendit à la salle du personnel. Quand il entra, un lourd pressentiment lui tordit le ventre. Carter l'attendait accompagné de deux policiers.

— Alex, dit-il en lui faisant l'accolade.

Ce dernier recula de peur.

— M. Alexander Stuart? demanda un policier, avant de continuer. J'ai le regret de vous annoncer que votre épouse Miranda et votre petite fille Victoria ont été impliquées dans un accident de la route, le véhicule dans lequel elles prenaient place a été englouti sous un camion-remorque. Malheureusement, leur décès a été constaté sur les lieux...

Alex perdit la notion de tout et eut l'impression de s'enfoncer dans un trou noir.

CHAPITRE 7

Los Angeles, États-Unis

2010

Nina observait Jerry dans son sommeil. Ils avaient fait l'amour dans la salle de séjour pour ensuite monter à l'étage, car la nuit était déjà très avancée. Elle était fatiguée, mais incapable de dormir. Il respirait profondément et le voir ainsi, dans le clair de lune, complètement abandonné, elle sentit une bouffée d'amour monter en elle. Il y avait longtemps qu'elle n'avait ressenti rien de tel. Elle se surprenait à tomber amoureuse de lui... C'était difficile à admettre, car elle ne voulait pas souffrir, mais elle se retrouvait incapable de contrôler ses sentiments. Cet homme réveillait en elle des besoins qu'elle avait refoulés depuis des années.

Il était tellement beau, son expression était si douce qu'elle ne put résister et l'embrassa tendrement. Il sourit, les yeux toujours fermés, puis l'entoura de ses bras puissants. Elle se blottit contre lui, le nez dans son cou et elle sut qu'elle avait trouvé sa place.

Jerry se réveilla le premier et ne put s'empêcher de la toucher. Nina dormait sur le dos, un bras par-dessus la tête, ses seins lui offrant un doux spectacle. Il lui caressa doucement la poitrine et elle gémit doucement. Elle était encore à moitié endormie, mais ses caresses lui donnèrent une envie folle de lui. Elle se colla langoureusement et écarta les cuisses afin qu'il s'y glisse, ce qu'il fit avec bonheur.

La faim commençait à les tirailler et c'est ce qui les tira hors du lit. Ils mangèrent sur la terrasse dans la lumière du matin, une brume vaporeuse surplombait les collines.

— Il s'agit du smog, lui dit Jerry

— Beurk! Je croyais innocemment que c'était un léger brouillard! J'avais oublié ce que sont les grandes villes! En fait, ici on oublie presque la ville... tu as vraiment une belle maison.

— Oui, je l'aime bien, mais je préfère encore l'Écosse... C'est là que je me sens vraiment chez moi.

— Il n'y a aucun endroit où je me sens vraiment chez moi... « sauf peut-être tes bras, pensa-t-elle ».

— J'aimerais te faire visiter mon pays et te présenter ma famille...

— Tu as des frères et des sœurs?

— Oui, j'ai une sœur et un frère. Mon père est décédé l'an dernier d'un infarctus et ma mère vit maintenant seule. Ma sœur a deux adorables filles de 3 et 6 ans et mon frère, nouvellement divorcé, a un fils de 10 ans. J'ai des oncles, des tantes, des cousins, des cousines, bref, tout un clan!

— Moi je suis enfant unique. Ma mère est morte lorsque j'avais 4 ans, je me souviens très peu d'elle et mon père est décédé d'un cancer alors que j'étudiais la médecine. Il s'était remarié, mais sa femme m'a toujours détesté. Je n'ai plus de contact avec elle et sa fille depuis plus de dix ans. J'ai toujours voulu avoir une grande famille, mais la vie en a décidé autrement... Je serais très heureuse de rencontrer tout ton clan! Carrie, Ethan et leurs enfants sont ma famille et il y a Mariama et Alex...

— Alex?

— Alex est un chirurgien que je connais depuis des années, il a plus de 60 ans, il travaille avec moi, il est un adjoint et un peu comme un père... D'ailleurs, il faudrait que je lui téléphone, il s'attend à ce que je parte ce soir...

— Mais oui, *muirnin*, fais comme chez toi.

Plus tard, il l'accompagna à son hôtel pour aller chercher ses affaires. Elle allait vivre chez lui pour deux semaines, elle se demanda si elle avait toute sa tête. Elle lui jeta un regard et le sourire espiègle qu'il lui adressa acheva de la convaincre; elle allait passer un séjour formidable. Elle n'avait aucune idée où cela la mènerait, mais pour le moment, elle s'en moquait. Être avec lui, profiter de ses baisers, faire l'amour, se sentir aimée et désirée. Aimée? Oui, elle se sentait aimée... Elle avait sur les genoux la grande enveloppe de Carrie, elle l'avait oubliée dans la voiture la veille.

— Ce scénario, je me demande si c'est une bonne idée... Comment ma triste histoire pourrait-elle donner un bon film?

— Tout dépend de la façon dont on la raconte.

— Je ne vois pas pourquoi on devrait le faire, je t'avoue que je ne suis pas convaincue.

Il la regarda soudain très sérieux :
— Il y a 20 ans, en rentrant à la maison, j'ai trouvé ma sœur pendue dans son placard.

Nina hoqueta de surprise, elle mit la main sur sa bouche :
— Mon Dieu Jerry! Je suis désolée!

— Elle avait presque 22 ans, elle souffrait de dépression depuis longtemps et rien ni personne n'arrivait à la guérir de ce mal de vivre. Quelque temps plus tôt, alors qu'elle s'occupait d'un petit garçon, il avait échappé à son attention et il s'était noyé dans le fleuve. Je crois qu'elle n'a jamais réussi à se le pardonner.

Il regardait droit devant lui, soudain l'auto qui les suivait klaxonna, le feu de circulation était passé au vert. Il ne dit mot du reste du trajet, lui tenant la main lorsqu'il n'avait pas besoin d'actionner le levier de vitesse. Nina était bouleversée.

Il arrêta la voiture dans l'entrée et se tourna vers elle.

— Tu as dit quelque chose d'important chez Ethan... Tu as dit qu'après avoir perdu ton mari et ton bébé tu étais partie en Afrique au lieu de t'enlever la vie... Aider ces gens, voir leur espoir, leur volonté de vivre malgré la guerre. Tout ça, t'avait ramené à la vie...

— Oui, c'est vrai.

— C'est pour cela que tu dois raconter ton histoire, pour illustrer qu'au lieu de s'enfoncer dans la dépression, partir et aller au-devant de la souffrance des autres et les aider peut apporter la guérison... Il y a un message profond dans tout cela, ne serait-ce que pour donner l'exemple et l'espoir... Nina, tu es une personne remarquable, tu as surmonté ces épreuves avec un grand courage.

Il lui caressa la joue tendrement. Elle eut la gorge serrée. Il retira ses lunettes et l'embrassa.

— Si tu veux, je t'aiderai. Je pense vraiment que tu dois passer ton message et en même temps, ce film pourrait aider à financer ton hôpital. Si c'est un succès, on parle de beaucoup, beaucoup d'argent.

— Je ne sais pas quoi dire, peut-être devrait-on commencer par lire ce scénario...

Il gara la voiture dans le garage et ils pénétrèrent dans la maison. Nina téléphona à Carrie pour lui annoncer qu'elle allait rester chez Jerry quelque temps. Cette dernière fut très heureuse, enfin son amie se laissait aller au bonheur.

Nina dormit une partie de l'après-midi. Le décalage horaire et les nuits passées à faire l'amour avaient eu raison d'elle. Jerry comptait bien profiter de tout le temps qu'ils auraient ensemble avant son départ. Il appela son agent et annula tous ses rendez-vous, même la partie de golf prévue avec ce dernier. Andy fut très surpris et il lui demanda quelle mouche l'avait piqué. Il avait vu le reportage et les photos de la soirée.

— Est-ce que ton soudain besoin de solitude concerne ta belle docteure?

— Oui, elle va rester encore deux semaines et je veux les passer avec elle...

— D'accord, rappelle-moi quand tu auras envie de me voir. Vous devriez en profiter pour partir ailleurs, loin des paparazzis...

Ils dînèrent tard ce soir-là. Jerry avait fait des steaks sur le grill accompagné d'une salade verte et ils avaient débouché une bouteille d'Amarone, un vin italien que Nina adorait. Elle était remontée de la cave à vin, complètement enchantée.

— Si tu savais comment ça me manque de ne pas pouvoir boire du bon vin... En Afrique, c'est introuvable!

— Nous allons remplir ta valise avant de partir!

Ils mangèrent côte à côte sur la terrasse en regardant le soleil couchant. Il lui racontait le dernier tournage qu'il avait eu en Australie. Il avait beaucoup voyagé pour son travail et elle lui posait des questions sur les pays qu'il avait visités. Comment était-ce possible qu'il soit encore célibataire? C'était une chance inouïe qu'elle rencontre un homme aussi merveilleux et qu'il soit libre... Mais elle allait comprendre pourquoi très bientôt... Soudain, il y eut comme des petits éclairs, Jerry réagit vivement et se leva aussitôt. Nina ne comprit pas tout de suite.

— Hier soir aussi il y en a eu des petits éclairs comme ça...

Il se tourna vers elle et lui dit :

— Hier quand?

— On était dans la piscine...

— Merde! Ce sont des flashs de paparazzi! Ça veut dire qu'ils nous ont photographiés nus!

Ils entrèrent dans la maison. Il appela le poste de sécurité du domaine. Jerry habitait un quartier de stars, surveillé par une firme de sécurité, et on devait franchir les grilles pour pénétrer dans le domaine. Il parla avec le gardien pour l'aviser que quelqu'un avait pénétré dans l'enceinte et l'avait photographié dans sa cour. Il était furieux. Quelques minutes plus tard, le gardien sonnait aux grilles, Jerry alla le trouver et demanda à Nina de rester à l'intérieur. Il revint plus calme.

— Ils ont fait le tour et il n'y a plus personne. Ils ont sûrement dû sauter les clôtures et marcher dans les collines.

— Ce n'est pas grave, ne t'en fais pas avec ça...

Il la regarda incertain. Elle ne savait pas de quoi elle parlait, elle allait détester être sans cesse pourchassée. Il devait parler à son agent, et elle le laissa à ses coups de téléphone.

Elle s'amusa à explorer la maison et trouva la bibliothèque. Il s'agissait d'une grande pièce située au rez-de-chaussée, adjacente au gymnase. La pièce était remplie de livres jusqu'au plafond, il y avait même une échelle. Elle trouva toutes sortes de livres, en anglais et en gaélique? Elle n'était pas certaine de cela. Shakespeare, Alexandre Dumas, Jules Verne, Agatha Christie, Les fables de Lafontaine, Jean-Paul Sartre, William Blake. Dans un coin, appuyer contre un meuble se trouvait une guitare. Elle s'assit et ajusta les cordes avant de se mettre à jouer. Elle n'avait pas perdu la main et elle en fut contente. Elle n'avait pas joué depuis au moins douze ans. Jerry ne fut pas long à venir voir d'où provenait la musique...

— C'est quelque chose ta bibliothèque! Je pourrais passer des jours ici...

— Content de savoir que tu aimes lire! Je suis un véritable amateur de livres, j'achète des livres constamment. Tu sais jouer de la guitare?

— Oui quand j'ai connu John, mon mari, il était chanteur dans un groupe. Je l'ai rencontré au bar du campus, ils jouaient du blues et du rock, c'était super!

Jerry s'assit près d'elle sur le divan et la regarda tendrement. Elle continua de se rappeler :

— Au départ, ils avaient besoin d'une choriste, ce que je fis quelque temps, jusqu'à ce qu'ils se rendent compte que je pouvais faire plus. Je jouais de la guitare ou du clavier selon les besoins, j'étais la remplaçante.

— Tu es une vraie musicienne alors...

— Le vrai musicien c'était mon père, il jouait de tous les instruments et il composait... Moi je ne fais que lire les partitions. Tu joues de la guitare?

— Pas vraiment, c'était pour un film... Joue-moi quelque chose, un blues par exemple.

Elle lui joua un blues, façon acoustique, puis enchaina avec *Have you ever seen the rain*, de CCR. Elle eut la surprise de l'entendre chanter d'une sublime voix enrouée.

— Tu chantes très bien...

— J'ai fait le conservatoire en chant et en violon avant de faire du théâtre. J'adore la musique, mais jouer c'est vraiment ce que je préfère. As-tu d'autres talents cachés? Tu fais bien la cuisine, tu as une voix magnifique, joues du piano, de la guitare, fais l'amour de façon merveilleuse...

Il lui retira la guitare des mains et l'embrassa d'une façon si délicieuse qu'elle avait l'impression d'être un fruit qu'il savourait. Il se leva et alla actionner le mécanisme du store qui se referma. Il revint la trouver sur le divan et l'installa sous lui tout en l'embrassant passionnément. Elle se mit à gémir d'appréhension. Ses gémissements eurent raison de lui et il se déshabilla à toute vitesse.

Ils reposaient nus sur le sol, encore essoufflés de leurs ébats. Nina commençait à avoir froid, elle se leva et ses yeux se posèrent sur le secrétaire au fond de la pièce. Soudain, elle la vit, la statuette dorée tant convoitée. Surprise, elle se tourna vers lui.

— Tu as gagné un oscar?

— Oui, à la dernière cérémonie en février dernier...

Décidément, elle ne connaissait pas grand-chose au cinéma, car dans la dernière année, le film en question avait remporté tous les honneurs et raflé des centaines de millions au box-office.

— Pour quel film?

Elle ne put résister à la tentation de prendre la statuette dans sa main. Le poids était surprenant, il ne s'agissait pas d'une pacotille. Elle suivit les lettres de son nom d'un doigt caressant : *Jerry Buchanan.*

— *Rafales*, c'est un film dramatique. Tu vis vraiment coupée du monde... Depuis un an, c'est le film qui a le plus récolté au box-office en plus de remporter quatre oscars.

Il se leva à son tour.

— Il n'y a pas de cinéma qui présente des nouveautés à moins de dix mille kilomètres... Est-ce qu'on peut le regarder?

Il la dépassait presque d'une tête avec son mètre quatre-vingt-douze, il se pencha pour l'embrasser furtivement sur les lèvres.

— Viens, on va le regarder dans mon lit...

Il s'agissait d'un drame. Un père partait à la recherche de sa petite fille portée disparue pour ensuite découvrir une vérité insoupçonnée. Le suspense la tint en haleine et elle ne vit pas venir la finale époustouflante qui la laissa sans voix. Elle découvrit alors un véritable chef-d'œuvre, Jerry était magnifique et surtout, tellement crédible. Elle avait cru à son personnage comme s'il ne s'agissait plus de son amant, mais bien de ce père courageux et tourmenté.

— C'est le meilleur film que j'ai vu, je n'en reviens pas! J'ai complètement oublié que c'était toi et j'étais accro du début à la fin.

Ton jeu était si juste, si parfait. Je suis heureuse que ton talent soit reconnu et que tu aies reçu un oscar, c'était tellement mérité!

Dans un élan de joie, elle l'embrassa vivement et se colla contre lui. Il était heureux qu'elle ait aimé le film, il en était fier. Son oscar était la consécration de sa carrière. En fait, il avait assez bien réussi sa vie et il ne lui manquait qu'une femme comme elle pour être complètement heureux... Être père était également un désir qu'il refoulait depuis trop longtemps et il espérait secrètement qu'elle veuille avoir des enfants.

Le lendemain, ils furent tirés du lit par le cellulaire de Jerry. C'était Andy.

— Il y a une photo de toi, tout nu sur la une du Star.

Le Star était une véritable feuille de chou. Ce tabloïd faisait rager Jerry depuis des années. On sonna à la grille, il y avait des journalistes et des photographes.

— Ils se sont introduits sur la propriété pour nous photographier hier soir pendant qu'on prenait notre repas sur la terrasse et là tu me dis qu'ils m'ont photographié nu dans ma piscine! Je veux les poursuivre afin qu'ils retirent ces photos!

Le téléphone sonna, Nina répondit pendant que Jerry lui faisait de grands signes de NON. C'était Carrie.

— Ma chérie! Tu es une vedette maintenant!

— Je ne suis pas certaine que ce soit une bonne nouvelle...

— Ne t'en fais pas avec ça, laisse Jerry s'en occuper.

— Que veulent-ils?

— Vendre des revues. Jerry est l'enfant chéri de toutes les demoiselles! Dès qu'une femme est à son bras, c'est comme ça! C'est la rançon de la gloire. Il va te protéger, ne t'en fais pas.

— Me protéger de quoi? Je n'en ai rien à faire qu'ils prennent des photos... Ça n'a jamais tué personne!

— En tout cas, je peux te dire que le téléphone de notre fondation ne dérougit pas et le serveur de notre site web n'arrête pas de tomber en panne à cause de l'achalandage. Ethan est en train de parler avec la firme informatique afin de changer de serveur... Tu ne pouvais pas faire mieux pour récolter de l'argent!

— Eh bien, on peut dire que tu sais t'y prendre pour rendre tout ça positif!

— Ça l'est, ma chérie! Jerry avait besoin de quelqu'un comme toi, et toi tu avais besoin de quelqu'un comme lui!

— Je te laisse, il me regarde d'un drôle d'air...

— C'était Carrie?

— Oui.

— Qu'y a-t-il de si positif?

Elle lui expliqua le raisonnement de Carrie; les téléphones et le serveur.   Elle lui dit qu'en vérité, ils n'avaient pas d'argent pour faire tenir l'Hôpital de l'Espoir plus de trois mois et qu'elle voulait faire installer l'air conditionné au bloc opératoire...   Il se radoucit, mais n'avait toujours pas l'air convaincu.

En fait, il aimait bien sa vie, mais ça devenait un cauchemar dès qu'il fréquentait quelqu'un. Chaque fois, c'était la même chose, ça devenait insoutenable pour elle et elle le quittait. Il y en avait eu une qui disait que ça ne la dérangeait pas, en fait elle était à la recherche de gloire et d'argent, elle avait même vendu des photos de leur voyage dans les îles grecques.

Le téléphone sonna à nouveau, il s'agissait du poste de contrôle de sécurité, on l'avisait que les grilles avaient été ouvertes pour des résidents et que des journalistes étaient passés. Ils n'avaient pas pu les retenir. Ils campèrent devant les grilles une partie de la journée.

Andy vint leur rendre visite, il avait amené la fameuse feuille de chou. Effectivement, sur la couverture on voyait Jerry nu, son membre viril censuré à l'aide d'une barre noire. Nina se souvenait de cette vision de lui, avant d'entrer dans la piscine. Elle sourit malicieusement.

— Les demoiselles doivent être contentes... Vu la longueur de barre noire, ça laisse sous-entendre...

— Nina! C'est sérieux, la coupa Jerry.

Andy rit, heureux qu'elle ne soit pas choquée outre mesure. À l'intérieur de la revue, une photo montrait Jerry dans la piscine de dos et une femme devant lui qui l'embrassait. Il s'agissait d'une mauvaise photo. Dans le bas, on pouvait y lire : « Qui est cette inconnue? Serait-ce la Dre Virginia Myers qui a lancé la Fondation de l'Espoir pour les enfants et les femmes en Afrique? » Voilà pourquoi la Fondation était assaillie, la curiosité était grande.

— Ce n'est pas si terrible... risqua Nina.

Jerry était sur les dents et la fixa comme si elle était cinglée.

— C'est vrai, dit Andy. Nina semble contente de la visibilité pour sa Fondation, voit le côté positif...

— Mff! marmonna Jerry.

— Est-ce qu'ils vont rester devant ta maison longtemps? demanda Nina.

— Jusqu'à ce qu'ils obtiennent ce qu'ils veulent...

Nina se leva et partit d'un pas décidé. Jerry inquiet se leva en trombe pour la retenir.

— Nina non!

Elle sortit et partit à leur rencontre, Jerry et Andy sur les talons. Elle se rendit à la grille, les flashes fusaient de toute part et elle en fut quelque peu aveuglée. Il y avait une dizaine de personnes, rien de bien effrayant.

— Combien de temps allez-vous rester là? Pouvez-vous respecter la vie privée des gens?

— Dr Myers! Est-ce que vous avez une relation avec Jerry Buchanan?

— Mon nom est Virginia Grace. Oui, je suis avec Jerry Buchanan. Pouvez-vous partir maintenant?

— Allez-vous retourner en Afrique?

— Oui, je retourne au Niger travailler à l'Hôpital de l'Espoir dans deux semaines et je n'ai pas envie de vous trouver sur le perron de la maison de Jerry pendant tout ce temps! Je vous demande d'agir comme des êtres humains et de respecter nos vies SVP.

Andy prit la parole :

— Dr Grace et Carrie Roman donneront une conférence de presse où vous serez tous invités par communiqué. Vous pourrez alors lui poser toutes les questions que vous voudrez.

— D'accord, mais nous voulons une photo avec Jerry et ensuite nous partirons.

Celui qui avait parlé se tourna vers les autres afin d'obtenir leur approbation, ce qu'ils firent. Jerry se prêta au jeu forcé et posa avec Nina en passant son bras autour d'elle. Ils sourirent pour la pose, puis retournèrent à la maison. Les journalistes et les photographes tinrent parole et se retirèrent.

Andy félicita Nina, elle avait géré la situation calmement et comme des enfants, ils l'avaient écoutée. Jerry était soulagé, il ne savait pas combien de temps durerait la trêve, mais au moins ils étaient partis. Ils s'assirent dans la salle de séjour. Nina pensa au tapis moelleux de ce soir-là et elle fut contente qu'ils n'aient pas pris de photo de leurs ébats, car cela, elle n'aurait pas apprécié.

— Je suis épaté, tu as été géniale, dit Andy.

— Ce sont des êtres humains, ils peuvent comprendre. S'ils veulent une photo, on n'a qu'à leur donner et leur demander de partir. Personnellement, ça ne me dérange pas, je trouve qu'ils perdent leur temps, c'est tellement inutile... Ce que je comprends c'est que si Jerry a une femme avec lui, ils deviennent curieux et ça fait vendre des magazines. Ils vont finir par te laisser tranquille.

Jerry commençait à penser qu'elle avait raison, ils leur donnaient une photo d'eux, ils la publieraient et une fois la vérité connue, il n'y aurait plus autant de frénésie.

— Est-ce que tu dînes avec nous? demanda Nina à Andy.

— Je ne veux pas m'imposer, si vous voulez rester seuls tous les deux...

— Mais non, puis tu ne vas pas rester toute la nuit... Si tu pars tôt, ça va! dit-elle en souriant.

Andy rit de bon cœur. Il comprenait que Jerry soit complètement sous son charme, elle avait du front et une personnalité terre à terre, en plus d'être une véritable beauté. Naturelle, sans maquillage bref, une perle rare.

Nina s'approcha de Jerry, l'embrassa tendrement et partit à la cuisine.

— Je pense que tu as frappé le gros lot cette fois!

Jerry le regarda en souriant, oui il le croyait aussi.

— Vous devriez partir d'ici, vous ne pourrez pas sortir sans les avoir sur les talons... Pourquoi n'iriez-vous pas au lac Tahoe? Je peux vous laisser mon chalet pour les deux semaines, vous seriez tranquilles... Ce n'est pas la saison chaude, mais la neige doit être partie. Je n'ai qu'à passer un coup de fil pour le faire préparer.

Nina fit le tour du réfrigérateur et des placards avant de décider ce qu'elle cuisinerait. Elle préparerait des fettucines au saumon fumé avec une sauce à la crème au Limoncello et des bruschettas avec une salade verte. Elle avait trouvé du Limoncello dans son exploration de la cuisine. Ils savourèrent le souper en bonne compagnie. Nina aimait bien Andy, il était sympathique et très drôle. Ils avaient discuté de films et d'anecdotes de toute sorte sur les acteurs et actrices, Nina avait beaucoup ri.

Jerry la prit dans ses bras aussitôt Andy sorti.

— Nous n'avons pas fait l'amour depuis presque 24 heures, c'est un record depuis qu'on se connait, dit-il.

— C'est parce que nous n'étions pas seuls. Et tu étais tellement stressé par ces journalistes, tu semblais vraiment en colère. Je m'excuse si je t'ai contrarié par mon attitude. Je pense que ce sera bien pire si on les fuit. Personnellement, je m'en fou complètement, ce n'est pas important pour moi... En Afrique, personne n'en a rien à faire de toute façon... Ils ne lisent pas le Star.

— Tu as raison, mais ce n'est pas vraiment ce type d'histoire là qui me stresse *muirnin*... C'est lorsque je serai en tournage dans les prochaines semaines et que tu liras de fausses histoires de relations amoureuses que j'aurai soi-disant avec l'actrice principale que je vais devenir vraiment stressé...

— Ah! Je comprends... Mais je ne lis pas ce genre de revues. Il n'y en a pas au Niger, et même s'il y en avait je ne les lirais pas. Personne dans mon entourage ne regarde ces trucs, excepté Carrie et Ethan. Je ne crois pas qu'ils prendront ce genre d'histoires au sérieux, eux qui sont prétendument en instance de divorce plusieurs fois par année! Ne t'en fais pas avec ça! Qu'est-ce que je peux faire pour te convaincre que tout ça n'a aucune importance? Quand je serai de retour chez moi, je vais attendre impatiemment de te revoir. D'ailleurs, je commence à penser que partir va être très difficile...

— Tu as raison, *muirnin,* moi aussi je vais souffrir de ne pas être avec toi...

Il était très heureux de tout ce qu'elle venait de lui dire. Nina était tellement différente de ses anciennes compagnes, elle ne ressemblait à personne. Il sourit en se remémorant la façon dont elle avait renvoyé ces journalistes.

— Andy propose de nous prêter son chalet au lac Tahoe pour le restant de ton séjour... Nous serions seuls en pleine forêt au bord du lac. J'y suis déjà allé et c'est un endroit vraiment extraordinaire. L'eau est bleu transparent, le paysage est magnifique et le premier voisin est à plus d'un kilomètre. Nous serions seuls au monde...

— C'est une excellente idée! Pouvoir se promener nus sans avoir peur d'être vu! Elle souriait.

— Tu ne penses qu'à ça, espèce d'obsédée! Il rit de bonheur.

Nina était heureuse de ce nouveau dénouement, l'histoire des paparazzis l'avait un peu refroidie. Elle ne s'imaginait pas rester deux semaines confinées dans la maison avec eux sur les talons dès qu'ils mettraient les pieds dehors. Ce serait une belle aventure, elle appréciait beaucoup la nature et cela leur permettrait de se connaitre encore plus.   Ils parlèrent de ce qu'il leur faudrait apporter et Jerry lui demanda la date de son départ. Elle avait déjà réservé une place sur un vol pour Paris dans 13 jours exactement. Il n'y avait aucun vol direct pour le Niger à partir des États-Unis.

Le lendemain matin, Nina devait aller rencontrer les journalistes. Andy avait organisé une conférence de presse avec Carrie. Ils profiteraient de la lancée de Nina afin de présenter la Fondation de l'Espoir et leurs objectifs financiers. Jerry était à ses côtés et répondit aux questions qui lui furent adressées. Lorsqu'on lui demanda s'il avait contribué à la cause, il leur dit qu'il avait donné 50 000 $ jusqu'à maintenant sous le regard surpris de Nina. Puis, vinrent les questions d'ordre personnel sur le couple de Jerry et Nina. Mal à l'aise, elle ne sut quoi répondre et Carrie prit la parole en revenant à la raison de la conférence.

Elle leur annonça que sa fille Zara avait été mise au monde par Dr Grace. Ils avaient adopté l'enfant par la suite et c'est pourquoi l'orphelinat était une cause chère à son cœur. Les journalistes furent très heureux de cette nouvelle révélation, Carrie n'ayant jamais dit mot sur sa fille adoptive. Ils avaient été témoins de son retour d'Afrique avec cette enfant dans ses bras sans aucune explication. Nina prit la parole à la demande de Carrie.

— Un jour, une jeune maman en travail se présenta à l'hôpital. Alors que son état se dégradait rapidement, je ne pus la sauver. Je dus pratiquer une césarienne d'urgence et sortir le bébé qui ne respirait pas. Je réussis à le réanimer. Il s'agissait de la petite Zara, petit soleil qui a tout de suite conquis mon cœur. En tant que médecin célibataire, je ne pouvais pas lui donner une véritable famille, mais Carrie le pouvait et c'est ce qu'elle a fait avec son époux Ethan. Zara est maintenant une merveilleuse petite fille qui se développe dans une famille formidable. Nous avons beaucoup d'enfants prêts pour l'adoption. Il faut que le pays adoucisse ses règles sur l'adoption internationale afin que les familles nord-américaines qui désirent adopter puissent le faire. Carrie fait un travail formidable dans ce dossier.

CHAPITRE 8

Los Angeles, États-Unis

2010

Ils arrivèrent au lac Tahoe à la nuit tombée. Les lumières extérieures s'allumèrent automatiquement à l'approche de la voiture, révélant une grande maison de bois rond style scandinave. Un vrai nid d'amour perdu dans les bois, Nina fut ravie. Ils se garèrent et entrèrent rapidement, Jerry désactiva le système d'alarme. Quelqu'un était venu, car les lumières étaient tamisées, une corbeille de fruits trônait sur le comptoir de la cuisine et des fleurs fraiches reposaient dans un vase sur la table. Jerry ouvrit le frigo, il était plein de victuailles de toute sorte.

— Ce cher Andy! Il a tout prévu, dit-il d'un air ravi.

— C'est un ange! Rappelle-moi de l'embrasser!

Le chalet était magnifique, un immense foyer de pierre à deux façades trônait au centre de la pièce, délimitant la salle à manger du salon. D'immenses fenêtres, un plafond cathédral avec une suite à la mezzanine. Tous les murs étaient en bois, les lustres étaient faits de panaches de cerfs. La décoration était dans les teintes de bleu, sûrement pour aller avec le bleu du lac. Il y avait une piscine intérieure dans une aile de la maison et un jacuzzi sur le balcon.

— Cette maison, je l'adore! Ce que je préfère par-dessus tout, c'est la forêt et le fait qu'on soit vraiment seul... parce qu'avec une chambre à la mezzanine... nous sommes trop bruyants pour avoir des visiteurs! dit-elle malicieusement.

— Décidément, tu ne penses qu'à ça! dit-il hypocritement, car il adorait ça quand elle parlait de sexe.

— Mais non, mentit-elle en s'approchant de lui.

Ils étaient à la mezzanine qui était en fait une suite avec salon, une chambre et une énorme salle de bain. Elle déboutonna sa chemise en le regardant avec un sourire en coin. Il la laissa faire tout en demeurant immobile. Lorsqu'il se trouva torse nu, elle entreprit de défaire sa ceinture. Il ne broncha pas, elle continua son jeu de séductrice en l'embrassant et en caressant de son torse, son pantalon tomba par terre. Il leva un sourcil et attendit le souffle court. Elle se déshabilla complètement et s'agenouilla devant lui en le regardant dans les yeux. Elle le questionna du regard, il retint un sourire.

Elle lui retira doucement son short boxeur, libérant ainsi son beau membre viril en érection. Elle caressa ses fesses, douces et fermes. Elle avait envie de lui, elle voulait lui donner du plaisir et l'entendre crier de jouissance. Elle le prit dans sa bouche, il gémit de bonheur. De ses mains douces, elle le caressa en le pressant fortement. Il aimait ça, elle l'entendait haleter. Après un moment, elle serra son membre entre ses seins en le regardant. Il émit un gémissement rauque. Elle effectua un doux mouvement de va-et-vient entre ses seins puis le reprit dans sa bouche. Il eut soudain un goût de sel. Il lui prit les mains, lui releva le menton cherchant son regard. Les yeux brûlants de désir, il se mit à genou et l'embrassa à pleine bouche. Il lécha ensuite ses seins tout en tirant son bassin vers lui afin de l'étendre sur le sol. Il voulait goûter son désir de femme. Voulant faire durer le plaisir, il prit son temps, la pénétrant doucement de sa langue puis de son doigt. Elle cria de plaisir, n'y tenant plus, il se releva et la pénétra d'un coup.

Il n'avait jamais ressenti une telle communion avec une femme. Sexuellement, c'était le summum de ce qu'il avait connu. À 41 ans, il n'aurait pas cru vivre une telle extase avec une partenaire. Ils s'éveillaient la nuit pour faire l'amour, et sans un mot, sans un baiser, leurs corps se retrouvaient et se rejoignaient dans une union silencieuse et si douce. Ils se rendormaient par la suite. La première fois, il avait cru rêver. Mais après ces quelques nuits, il savait qu'il ne rêvait pas. Il ne pouvait dire lequel s'éveillait le premier, mais leurs corps se retrouvaient rapidement dans un même élan...

CHAPITRE 9

Lac Tahoe, États-Unis

2010

Les jours défilèrent à un rythme intemporel : randonnée de vélo dans les sentiers, promenade sur les berges du lac, excursion en forêt, sans parler de leur nuit... Avec Nina tout était prétexte à faire l'amour. Ils nageaient en plein bonheur.

Elle décida de tout lui raconter de son passé. Jerry se révéla un confident attentionné et empathique : il la consolait quand elle en avait besoin, ressentait sa peine, sa colère. Elle lui parla de son père, un homme prévenant et aimant qui l'avait élevé seul tout en poursuivant sa carrière de médecin. La mère de Nina avait été avocate avant de perdre la vie dans un accident de voiture alors que Nina avait à peine quatre ans. Ils avaient habité Vancouver toute son enfance. Alors que Nina avait douze ans, il avait épousé une aide-infirmière américaine puis, ils avaient déménagé à Seattle. Helen, sa belle-mère, l'avait toujours rejetée par pure jalousie.

Jeune adulte, Nina avait été reçue à la faculté de médecine. À la mort de sa mère, elle avait hérité d'une petite fortune. Helen avait souvent essayé de convaincre le père de Nina de partager avec sa fille, Jessica. Son père était décédé pendant son internat. Un cancer s'était déclaré, une tumeur au cerveau, inopérable. Deux mois plus tard, il les avait quittées.

Après la mort de son père, Helen avait tout gardé. Nina n'avait reçu que l'héritage de sa mère. Elle s'en moquait complètement, elle aurait pu prendre un avocat, mais elle s'y était refusée. John était riche et elle gagnait bien sa vie. Elle n'avait aucun besoin de cet argent. Elle n'avait jamais eu d'autre contact avec Helen ou Jessica. D'ailleurs, elle n'avait aucune idée de ce qu'il était advenu d'elles.

Elle lui raconta la Colombie et Sophia... Elle lui dit qu'elle se sentait responsable de sa mort. Cela ébranla singulièrement Jerry. Il ne pouvait pas croire ce qu'elle venait de dire.

— En quoi peux-tu être responsable de sa mort? demanda-t-il doucement.

— Si je l'avais laissé me violer, il ne m'aurait peut-être pas battue...

— Tu ne sais pas quelles étaient ses intentions, il avait peut-être décidé de te tuer après. Le viol aurait peut-être eu le même effet...

Nina ne savait plus que penser. Cette blessure était profonde et elle l'avait enfouie depuis si longtemps... Elle avait la nausée. Jerry quant à lui, avait de la difficulté à accepter qu'elle se culpabilise. Il pensait à sa sœur...

— Nina, *muirnin*, regarde-moi! Tu n'es pas responsable de sa mort, m'entends-tu? Il faut que tu donnes à Sophia la place qui lui revient. Tu as enfoui son souvenir pour arrêter de souffrir, mais elle est toujours là. Elle a existé, elle a vécu dans ton ventre, tu l'as attendue, tu l'as espérée, tu l'as aimée... Tu dois lui laisser la place qui lui revient.

Il la prit dans ses bras, elle pleura à fendre l'âme et il ne put retenir quelques larmes. Il la berça jusqu'à ce qu'elle se calme, ayant complètement perdu la notion du temps.

— Je pense que tu as raison, finit-elle par dire en reniflant. Faire ce film est une bonne idée. Il faut que je me libère de mon passé. Je suis heureuse avec toi comme je ne l'ai jamais été... Je ne veux plus de ces peurs et ces angoisses qui m'ont empêché toutes ces années de m'attacher et de vivre une vie normale. Même Zara, je l'ai repoussée, ma petite Zara... Elle m'avait pourtant réconcilié avec la mort de Sophia.

Jerry ne dit rien, attendant patiemment la suite. Elle alla piger dans sa valise et revint avec l'enveloppe de Carrie. Elle l'ouvrit, il y avait un document manuscrit et un autre qui s'avéra être le scénario de Carrie. Elle fouilla dans le manuscrit et lui tendit quelques feuilles :

— Voici l'histoire de Zara, lis s'il te plait.

ZARA

LE SOLEIL DE MA VIE

Ce jour-là, je devais faire un double quart à l'urgence, car il n'y avait personne pour faire la garde de nuit. On était entre deux cohortes de médecins dépanneurs, un nouveau groupe arrivait dans deux jours ce qui me donnerait un peu de répit. En attendant, je devais couvrir la garde 24 heures sur 24, en plus de faire les quarts de jour et de soir. La nuit, les infirmières de l'urgence recevaient les patients, donnaient les soins de base et ne venaient me réveiller qu'en cas d'urgence. Ce qu'elles firent vers deux heures du matin. J'avais dormi à peine trois heures dans le dernier 24 heures. Mariama vint me réveiller en trombe.

— Nina, nous avons une urgence. On vient de nous amener une jeune femme enceinte et elle semble à terme. Elle a été battue et elle est dans un très mauvais état. Sa pression artérielle est en baisse constante et son pouls est faible. Viens vite!

Je me levai en trombe et couru en salle d'urgence, le cœur battant. Quand je passai la porte, j'accusai le choc. La jeune femme avait le visage en sang, complètement tuméfié, son ventre était énorme, prêt à donner naissance, et ses cuisses pleines de sang... J'eus l'impression de me trouver devant moi-même quelques années *plus tôt. On m'avait laissé sur le bord d'un fossé dans un état proche de la mort alors que j'allais donner naissance...*

Je sentis la salive emplir ma bouche, la nausée me prit par surprise. Je tentai de me ressaisir aussitôt. « Ce n'est qu'un film », me répétai-je sans cesse, jusqu'à y croire. Je réussis à me détacher de la situation et l'adrénaline l'emporta sur mon trouble. Je vis que les infirmières avaient mis le masque à oxygène et installaient une intraveineuse. Je fis un examen neurologique, la patiente était dans un état comateux, aucune réaction à la douleur, les pupilles étaient fixes. Traumatismes multiples au visage et à la tête. Je l'auscultai; une bonne entrée d'air, au moins les côtes n'avaient pas perforé les poumons. Nous n'avions aucun moniteur cardiaque, j'en attendais un dans les prochaines semaines. Pas de scanner, pas de neurochirurgien, je ne pouvais pas faire grand-chose.

— Son pouls faibli docteur, je n'ai plus de pression, me dit Mariama.

Je fis un examen vaginal, le bébé n'était même pas engagé. Pas d'accouchement vaginal possible si la mère restait inconsciente. J'étais figée, je regardais la vision d'horreur et repensai à Sophia. Mon bébé, j'avais essayé de lui souffler dans la bouche et de lui faire un massage cardiaque, mais j'avais sombré dans l'inconscience pendant que mon corps se vidait de son sang...

— *Nous la perdons... Je n'ai plus de pouls, dit Mariama.*

— *Massez-la! Ventilez-la! criai-je d'une voix désespérée. Mariama prépare-moi un kit de césarienne d'urgence, je vais sortir ce bébé.*

Je me tournai et vis que ma bonne infirmière avait prévu le coup. Je vis la table recouverte d'un drap stérile et le soulevai. Tout était là, je mis une blouse stérile, un masque, des gants stériles. Je pris des compresses et les jetai dans le bol de proviodine pour ensuite badigeonner vigoureusement l'abdomen de la femme. Je saisis les instruments et procédai à la césarienne rapidement. Avec l'aide de Mariama qui avait enfilé une blouse et des gants stériles, je sortis la petite fille du ventre de sa mère. Je pris la poire à succion pour dégager les voies respiratoires et attendis le cœur battant. Elle ne respirait pas. Je tentai de dégager les voies respiratoires à nouveau. Je sentis l'urgence me gagner et déposai le bébé sur la table pour lui souffler tout doucement dans la bouche. Mariama avait pris un stéthoscope et l'auscultait.

— *Son cœur bat, continue doucement.*

J'étais en transe, je continuai doucement jusqu'à ce que Mariama me somme de cesser. Le bébé respira alors et prit des couleurs. La petite agita les bras et se mit à pleurer d'une voix rauque. J'aspirai encore les sécrétions ce qui eut pour effet de la faire pleurer plus fort.

Je trouvai ses vagissements merveilleux et l'émotion me gagna. Je me sentais soulagée et tellement heureuse! Je la frottai pour la nettoyer de son vernix et du sang de sa mère. Les larmes coulaient sur mes joues. J'eus soudain une pensée pour la pauvre mère. Je me tournai pour la regarder, les infirmières avaient recouvert son corps d'un drap. Et je me dis que c'est comme ça que cela aurait dû se passer... J'aurais dû mourir et Sophia aurait dû vivre. J'aurais voulu qu'elle vive, qu'elle grandisse, qu'elle soit une merveilleuse petite fille. J'aurais donné ma vie pour elle...

La petite fille pleurait dans mes bras bien vivante, je l'embrassai et lui promis de prendre soin d'elle. Mon petit soleil...

— Qui est-elle? demandai-je aux infirmières en parlant de la mère.

— Personne ne connait son nom, c'est une vieille femme qui l'a amené avec l'aide d'un homme.

La jeune femme était habillée en haillons. Il faudrait garder le corps jusqu'à ce que la famille le réclame. Elle venait sûrement d'une famille très pauvre, si famille il y avait... Nous ne pouvions plus rien pour elle. Je pris la petite fille et sortis, Mariama sur les *talons. Je l'amenai directement à la pouponnière et la veillai le reste de la nuit. Au petit matin, l'infirmière de la pouponnière réussit à me convaincre de la lui laisser, j'étais épuisée et je devais aller dormir quelques heures. À mon réveil, j'étais de retour à son chevet, je la pris dans mes bras et lui chantai une berceuse. Personne ne pourrait me l'enlever, elle était ma vie...*

Jerry vivait toutes sortes d'émotions, tristesse, colère, amour... Il comprit ce que Zara avait fait à Nina, elle l'avait obligée à se rappeler et à comprendre qu'elle n'avait jamais accepté la mort de son enfant. Elle lui avait permis de se racheter, elle avait réussi à la ramener à la vie alors qu'elle n'avait rien pu faire pour Sophia...

— Que s'est-il passé ensuite? Pourquoi dis-tu que tu l'as repoussée?

— Au départ, j'étais incapable de la laisser, dès que j'avais un moment de libre, je l'avais dans les bras. Mariama alla en parler à Alex, ils étaient inquiets de mon comportement inhabituel. Il y avait toujours la possibilité que la famille vienne la réclamer... Alex m'obligea à m'expliquer, il comprit alors mon instinct protecteur et le respecta. Il décida de me laisser faire pendant quelque temps... Il a bien fallu que nous l'amenions à l'Orphelinat, car je ne pouvais pas m'en occuper, je n'avais pas de maison, pas de famille. Je travaillais constamment. Je n'avais rien à lui offrir. Je souffrais beaucoup.

J'aurais voulu la prendre et en faire ma fille, mais je n'avais plus un sou. Ma vie c'était cet hôpital, je n'étais rien...

Nina essuya ses larmes. Jerry écoutait le cœur battant.

— Puis arriva Carrie, elle était venue faire son tour, elle vient une fois par année depuis des années. Je lui montrai la petite et lui demandai si elle voudrait lui donner ce que j'étais incapable de lui offrir : une famille et une vie équilibrée. Elle tomba aussitôt amoureuse de ce bébé tout joufflu. Zara était adorable... Ethan n'émit aucune opposition et Carrie fit les démarches d'adoption. Au bout de trois mois, elle put revenir chercher la petite... Je sais que nous avons fait ce qui était le mieux pour elle, elle a des parents merveilleux qui l'adorent et une vie formidable. Tout ce que je ne pouvais lui offrir. Mais c'est comme si j'avais donné ma propre enfant...

Elle reniflait bruyamment, il lui donna un mouchoir.

— Avant Zara, j'avais réussi à tout refouler et j'avais oublié... Elle m'a appris que mon cœur était encore capable d'aimer. Ça m'a fait peur, car j'avais réussi à tout bloquer pendant des années. Je n'avais laissé personne prendre de place dans ma vie et dans mon cœur. J'étais capable de fonctionner et je pense que j'étais quand même équilibrée. Célibataire endurcie, mais équilibrée... Et ce petit bébé avait tout chamboulé...

Elle s'arrêta, il était suspendu à ses lèvres.

— Après la mort de mon mari et de ma fille, quand je suis partie en Afrique, j'ai eu une aventure avec un militaire. Nous avons été pris dans une embuscade et avons dû fuir dans la jungle. Il m'a sauvé la vie en me ramenant saine et sauve... C'était une période noire où j'ai commencé à reprendre goût à la vie. Je n'ai connu aucun autre homme, jusqu'à ce que Zara quitte l'orphelinat. Après son départ, j'étais fragile et je souffrais. Carrie et Ethan ont acheté la Villa du Soleil et, suite à l'agression dans la Jeep, j'ai accepté d'aller y vivre. Je suis désolée, je ne sais pas pourquoi je t'ennuie avec ces histoires...

— Quoi? Mais, tu ne m'ennuies pas, *muirnin*, je suis heureux que tu me dises tout ça... tu as besoin de te libérer et... je..., il cherchait ses mots. Je veux tout connaître de toi. Continue...

Il voulait connaître la suite, elle avait parlé d'un autre homme?

— Tu as remarqué que je me fais bronzer les seins nus, n'est-ce pas?

— C'est la première chose que j'ai vue avec ta robe bleue sexy!

— Un jour alors que je me faisais bronzer sur le toit, un hélicoptère passa tout près... Un homme me sourit et m'envoya la main. J'étais gênée, c'était la première fois que je me faisais prendre!

Jerry cessa de sourire, mais elle ne le remarqua pas.

— Deux jours plus tard, il se présenta à l'urgence pour des points de suture et il me reconnut, je n'étais pas vraiment contente... C'était un bel américain, très sympathique et très drôle, les infirmières ne parlaient que de lui... Le lendemain, il revint pour m'inviter, mais je trouvai le moyen de lui échapper en allant assister Alex en chirurgie. Le surlendemain, Mariama lui avait dit à quelle heure je terminais et il m'attendit. J'ai eu une relation avec lui qui a duré un certain temps, puisque, chaque fois qu'il venait à Niamey, il passait me voir. C'est un pilote de brousse qui loue son appareil et ses services pour des clients riches ou pour le transport de marchandises de toute sorte. Je te parle de lui parce que je veux que tu comprennes... Je voulais que notre relation reste purement sexuelle, ce qui semblait le satisfaire. Jusqu'à ce jour, où il me parla de son projet de lancer une affaire à Niamey afin qu'on puisse vivre ensemble. Je mis fin à notre relation qui durait depuis un an, car je ne voulais pas m'attacher...

Jerry déglutit difficilement, si ça devenait trop sérieux elle mettrait fin à leur relation aussi?

— Que veux-tu dire? Tu ne veux pas d'une relation sérieuse? C'est juste sexuel entre toi et moi?

— Rappelle-toi, je t'ai dit que je dois me libérer de mon passé. Je ne veux plus de ces peurs qui m'ont empêché toutes ces années de m'attacher. Je suis tellement bien avec toi, je ne peux plus imaginer te quitter, j'ai besoin de toi... Tu as réveillé en moi des besoins que j'avais enfouis depuis des années... Je suis morte de frousse... Je ne veux pas souffrir, mais je suis incapable de me protéger de toi...

Elle était au bord des larmes et sa voix tremblait. Elle s'était ouverte à lui et il pouvait la repousser...

— Ma chérie, pourquoi voudrais-tu te protéger de moi? Jamais je ne te ferai du mal... Tu m'as laissé entrer dans ta vie et tu ne te débarrasseras pas de moi aussi facilement...

Il la prit dans ses bras :

— Je veux être avec toi, je veux partager ta vie, tu es la plus belle chose qui me soit arrivée... je t'aime, dit-il en l'embrassant tendrement.

Elle sentit sa gorge se nouer, ses yeux s'emplir de larmes : *il l'aimait.*

— Je t'aime, chuchota-t-elle.

— Pourquoi est-ce que tu chuchotes? sourit-il.

— Pour que ma tête ne comprenne pas tout de suite ce que je viens de dire… Il faut me laisser le temps de digérer ce que je viens de réaliser... Mon cœur te dit je t'aime, mais ma tête est morte de peur...

— Je t'aime Virginia Grace, dit-il en souriant.

— Je t'aime Jerry Buchanan, bredouilla-t-elle...

Ils s'embrassèrent passionnément et Jerry lui fit l'amour avec toute la tendresse dont il était capable. Il voulait avec l'aide de son corps lui faire comprendre qu'elle était sienne pour toujours et qu'il l'aimait comme un fou. Il ne voulait pas qu'elle puisse en douter.

CHAPITRE 10

Niger

2002

Le Niger était un des plus grands pays d'Afrique occidentale, une ancienne colonie française dont le climat politique demeurait précaire malgré une démocratie émergente. Il y avait une endémie de plusieurs types de méningites et une campagne de vaccination massive était chapeautée par la Croix Rouge avec l'aide de Médecins sans Frontières. Nina participa à l'élaboration de cliniques de vaccination de masse, car toute la population devait être vaccinée. Par contre, le nord du pays était touché par une rébellion et il n'était recommandé pour aucun étranger de s'y aventurer. La campagne de vaccination fut donc amorcée au sud dans la capitale Niamey.

Il y avait dans le secteur urbain deux centres de vaccination. Nina quant à elle, avait choisi de s'occuper d'une clinique mobile qui sillonnerait les régions rurales. Pour cela, elle devait parler le français, le Niger étant un pays majoritairement francophone. Elle rencontra une infirmière originaire du Bénin qui s'appelait Mariama et qui parlait couramment le français et l'anglais. Ce qui permit à Nina de parfaire sa connaissance de la langue puisque Mariama lui servit d'interprète au début. Elles avaient beaucoup de plaisir à travailler ensemble. Mariama était fiable et toujours disponible. Leur équipe était composée de quatre autres infirmières d'origine française et canadienne.

Les vaccins arrivaient dans des glacières et ils n'avaient pas de réfrigérateur. Ils auraient dû être maintenus à une température adéquate, mais avec le climat tropical, ils ne pouvaient qu'espérer qu'ils soient encore efficaces. Nina trouvait difficile de s'adapter à cette réalité alors qu'elle avait été formée à moult précautions et mise en garde. Au fil du temps qui passait et au nombre de villages qu'ils visitaient, ils purent constater une diminution de la propagation de la maladie à petite échelle, ce qui leur donnait le courage et la force de continuer.

Pendant cette campagne de vaccination, Nina constata plusieurs faits sur la santé des femmes. Elle découvrait une autre sorte de souffrance, ce pays possédait le plus haut taux de fécondité au monde avec près de huit enfants par femme... De jeunes filles à peine pubères qui se retrouvaient mariées et enceintes. Elles n'avaient aucune connaissance sur la contraception et la grossesse. Elles donnaient naissance dans des conditions primitives qui mettaient leur vie et celle de leur enfant en danger. De plus, ces très jeunes filles avaient souvent des séquelles de l'accouchement, par exemple des fistules anales ou encore elles devenaient carrément incontinentes. Elles étaient alors répudiées par leur mari et mises en marge de la société...

Elle rencontra des gens formidables dévoués à la cause humanitaire. Des infirmières pour la plupart, qui tentaient de faire de la prévention en enseignant la méthode simple du calendrier comme régulation des naissances. Le Niger était un pays majoritairement musulman, la contraception n'y était pas interdite, mais tout simplement inconnue. Petit à petit, un projet germa dans son esprit. Elle en parla à Mariama qui fut emballée. Elle voulait fonder une clinique de maternité pour d'abord recevoir les femmes et leur parler de grossesse, d'allaitement, de contraception, et ensuite y faire des suivis de grossesse et des accouchements.

Quand elles eurent terminé leur contrat de vaccination dans toute la région, elles dénichèrent un édifice qui pourrait faire office de clinique. Il s'agissait d'une ancienne école. Nina avait beaucoup d'argent qui dormait dans ses comptes bancaires, elle allait l'utiliser de façon constructive. Elle acheta l'école et elles engagèrent des ouvriers pour la remettre en état. Elles ouvrirent une clinique qui s'appelait simplement : *La clinique des femmes*. Elles mirent en place un programme d'enseignement et de suivi. Nina pratiquait des accouchements à l'occasion, la mentalité des Nigériennes étant difficile à changer. Elles accouchaient seules dans des conditions précaires et ne consultaient pas durant la grossesse. Au fil du temps, la clinique devint populaire et elles recevaient des hommes, parfois des personnes âgées et des enfants malades qui avaient besoin de soins. Nina dut se rendre à l'évidence que la population avait besoin de plus qu'une clinique des femmes... Ils avaient besoin d'un hôpital.

Elle travailla avec les Nations Unies et grâce au Programme des Nations Unies pour le développement et le Fonds des Nations Unies pour la population, ils purent construire un hôpital et mobiliser des équipes de médecins, sages-femmes et infirmières. En janvier 2003, ils fondèrent l'Hôpital de l'Espoir en banlieue de Niamey. Nina réussit à recruter également des infirmières et des médecins par le biais de Médecins sans Frontières, qui acceptèrent de venir offrir leur service gratuitement.

Durant l'été qui suivit arriva un médecin que Nina connaissait bien, Alex Stuart. Il était maintenant retraité et il fut littéralement emballé par le projet de Nina. Il prit part à l'aventure en démarrant le département de chirurgie et le bloc opératoire. Il possédait une force de caractère incroyable et pouvait déplacer des montagnes. Sa sagesse était infinie, sa foi inébranlable et son calme désarmant. Nina fut plus qu'heureuse de le revoir, il lui avait manqué. Il s'avéra un adjoint précieux et de plus, lui et Mariama s'entendaient à merveille.

CHAPITRE 11
Lac Tahoe, États-Unis
2010

Le temps avait filé si vite, elle aurait aimé pouvoir le stopper. Elle était attristée de quitter ce lieu de rêve, il ne leur restait qu'une nuit au lac Tahoe. De retour à Los Angeles, ils passeraient leur dernière nuit ensemble avant son départ pour le Niger. Jerry ne l'y accompagnerait pas... De toute façon, il avait un tournage qui commençait en Italie dans quatre semaines.

Jerry était assis au salon, il lisait le scénario. Nina l'avait lu par brides, elle n'était pas habituée à lire ce type d'écrit. De toute façon, elle connaissait l'histoire par cœur. Carrie avait fait des recherches avec son assistante sur la disparition de John en Colombie ainsi que son enlèvement. Un des hommes responsables de son enlèvement, celui qui avait fui avec l'argent de la rançon qui avait été versée pour la libération de Nina, avait été arrêté. Il avait été retrouvé mort dans sa cellule avant d'être jugé. Il ne s'agissait pas de l'homme qui avait agressé Nina, car les policiers lui avaient montré des photos de cet homme lors de son séjour à l'hôpital et elle ne l'avait pas reconnu. Carrie et son assistante avaient retrouvé un certain Juan Carlos Escobar, il s'agissait du vieil homme qui l'avait trouvée. Il y avait dans l'enveloppe toute l'entrevue transcrite.

Nina décida d'aller faire un tour, elle descendit les escaliers jusqu'au lac et s'assit sur le quai. La vue était superbe, elle se laissa envahir par la paix et la sérénité du moment. Elle entendait des oiseaux piailler, le vent souffler dans la cime des arbres et le doux clapotis de l'eau sur le quai de bois. Le soleil réchauffait doucement son corps. Elle pensait à sa vie et à sa rencontre avec Jerry. Il avait tout changé, elle n'était plus la même femme. Il y avait Nina avant, seule et blasée, et Nina après, heureuse et comblée...

Elle se sentait incapable de retourner à son ancienne vie. Sans Jerry. Elle sentit un vide l'envahir... Il le faudrait bien, ils avaient besoin d'elle là-bas et elle ne savait rien faire d'autre. Il faudrait laisser aller le temps et voir où cette relation allait les mener... Leur destin n'était pas vraiment compatible : lui, un acteur de cinéma au sommet de sa gloire et elle, médecin dévouée à une cause humanitaire en Afrique.

Satisfait, Jerry referma le scénario. Il était convaincu que ce projet de film serait un succès. Il avait envie d'y prendre part. Pas en tant qu'acteur, mais plutôt derrière la caméra. Sa rencontre avec Nina avait complètement changé sa perception de la vie. Elle lui plaisait énormément, elle était ardente, audacieuse. Elle avait également un sens de l'humour et de la répartie qu'il appréciait par-dessus tout. Et le sexe, il n'avait pas de mot pour décrire leur compatibilité, il n'avait jamais connu une telle femme. S'il avait su qu'elle existait, il aurait passé sa vie à la chercher...

Elle allait retourner au Niger dans son hôpital, et malheureusement, il avait des engagements pour un tournage en Italie. Il avait peur qu'elle tente de le repousser par peur de souffrir. Comment lui faire comprendre qu'il voulait qu'elle reste avec lui? S'ils tournaient un film sur sa vie, l'argent qu'elle récolterait lui permettrait d'engager un autre médecin qui prendrait sa place et elle pourrait travailler sur sa fondation aux États-Unis. Elle continuerait à contribuer à sa cause et elle pourrait demeurer aux États-Unis.

Il partit à sa recherche. Du balcon, il la vit sur le quai, elle s'apprêtait à plonger. Elle avait retiré ses vêtements et nue, elle se tenait sur le bout du quai. Il descendit rapidement tout en l'admirant. Elle était tellement impulsive. Il appréciait ce côté passionné, elle le surprenait toujours, comme maintenant. Elle plongea, il arrivait sur le quai au même moment et se déshabilla rapidement pour la rejoindre.

Nina regretta aussitôt sa folie, l'eau était glaciale, elle sentait des milliers de petites aiguilles piquer sa peau. Elle avait mal aux seins et ses dents claquaient ensemble. Soudain, elle sentit des bras puissants la saisir.

Elle se tourna vers lui surprise.

— L'eau est glacée! Mon corps n'arrête pas de trembler...

Il lui sourit tendrement

— C'est normal que l'eau soit froide à ce temps-ci de l'année...

— Froide? Je dirais... plutôt... glaciale!!! Ses dents claquaient tellement fort qu'elle avait de la difficulté à parler.

— Viens, allons dans le jacuzzi!

Ils sortirent du lac et Nina courut sur la berge. Elle remonta rapidement les escaliers et se glissa dans le jacuzzi avec bonheur. Jerry avait pris son temps pour la regarder s'activer nue, avec un plaisir non dissimulé. Il se glissa dans les remous à son tour.

— Tu n'as pas trop souffert de l'eau glaciale?

— Je suis écossais, ma chérie, je suis habitué à l'eau froide. Dans nos lochs, l'eau ne vient jamais plus chaude que cela...

Elle se colla sur lui avec bonheur, c'est vrai qu'il dégageait toujours une douce chaleur.

— Mmm c'est vrai que tu es un homme du nord, c'est pour ça que tu es un si bon amant... J'imagine que dans un pays froid où il pleut une grande partie de l'année, on devient expert en la matière...

— Pourtant, tu ne viens pas de l'Écosse toi... répondit-il en l'embrassant.

Elle devint sérieuse :
— J'aimerais voir Carrie, Ethan et les enfants avant de partir...

— Nous n'avons qu'à partir tôt demain… Ensuite, il ne nous restera qu'une nuit... Dans trois semaines, crois-tu que tu pourrais venir en Italie ou en France?   Si le vol direct est pour Paris, on pourrait se voir là, c'est une ville tellement romantique...

Elle ne savait pas quoi répondre... Son budget limité ne lui permettait pas de se payer des billets d'avion constamment.

— Je ne sais pas si ce sera possible...

— Pourquoi, tu as des engagements? Je croyais que tu faisais surtout l'administration de ton hôpital?

— Ce n'est pas *mon* hôpital. Il y a un conseil d'administration et je suis la directrice du conseil des médecins. En vérité, je n'ai pas les moyens financiers de payer tout ça... J'ai perdu plus de trois mille dollars pour mes billets que je n'ai pas utilisés il y a deux semaines...

Il n'avait pas saisi cet aspect, il ne voulait pas l'effaroucher, mais il avait largement les moyens...

— Nina, mon amour, je ne sais pas comment te dire ça, mais je ne veux pas que l'argent devienne un obstacle entre nous. Je sais que tu as ta fierté, mais tu es bien placée pour savoir que l'argent c'est secondaire... Le bonheur n'a rien avoir avec la richesse...

— Oui, je suis d'accord, c'est chez les gens les plus pauvres que j'ai vu le bonheur pur et simple. Je suis seulement mal à l'aise avec ça... Je ne veux pas être un fardeau…

Il la coupa :
— Tu n'es pas un fardeau, je t'aime et je veux être avec toi. Je me fou du reste, dis-moi seulement si tu veux venir me rejoindre et le reste est sans importance...

— Oui, tu le sais bien, dit-elle en l'embrassant, je t'aime!

— Et tu sais quoi? Je me sens vraiment mal de faire des millions en tournant des films alors que c'est quelqu'un comme toi qui devrait faire des millions à sauver des vies...

— Les médecins ici aux États-Unis font beaucoup d'argent, c'est la voie que j'ai choisie qui est miséreuse... J'ai faim, pas toi? J'ai tellement souffert de la faim, que maintenant j'ai de la difficulté à l'endurer...

— Tu as souffert de la faim? Il était surpris.

— Dans un camp de réfugiés où se trouvent plus de cinquante mille personnes, il n'y a pas trois repas par jour. On ne mangeait qu'une fois par jour et on travaillait plus de seize heures. Le soir, je m'effondrais d'épuisement et de faiblesse. Qu'est-ce qu'on mange?

— J'ai sorti des filets de saumon du congélateur. Je vais aller préparer le souper. Reste ici, je vais t'amener un verre de vin rosé...

Pas question qu'elle reste toute seule, leurs heures étaient comptées, elle voulait en profiter au maximum.

— Je me doutais bien que tu n'y resterais pas, dit-il en lui prenant la main.

Ce soir-là, ils s'endormirent dans les bras l'un de l'autre tous les deux le cœur lourd. Ils partirent tôt, le retour se fit dans le calme. Jerry parla de Paris et de ce qu'ils pourraient y faire, Nina l'écoutait le cœur serré. Tranquillement, il réussit tout de même à lui transmettre un sentiment d'excitation. Elle s'imagina déambuler dans Paris à son bras.

Après avoir passé la soirée avec les Murray, ils arrivèrent tard chez Jerry. Épuisée, Nina s'endormit sous les caresses de son amoureux. Jerry ne dormait pas, car l'anxiété le gagnait peu à peu. Il était inquiet de la laisser partir seule et n'avait qu'un désir : la retrouver le plus rapidement possible. Il avait peur de la perdre, leurs vies étaient si différentes et il ne savait pas comment ce serait une fois qu'elle serait de retour en Afrique. Si elle souffrait de leur séparation, elle pourrait tout aussi bien vouloir mettre fin à leur relation. Il finit par s'endormir d'un sommeil agité.

Ils se levèrent très tôt, car elle devait être à l'aéroport pour sept heures. Il l'accompagna en silence, tous les deux avaient la gorge nouée et aucun n'avait envie de parler. Il resta avec elle jusqu'à la dernière minute, leurs adieux furent brefs. Ils s'embrassèrent, il la serra dans ses bras une dernière fois.

Elle était dans la file et elle se retournait fréquemment pour le regarder, tandis qu'il lui souriait. Il resta jusqu'à ce qu'elle ait disparu, perdu dans ses pensées. Nina allait laisser un grand vide dans son cœur, il se sentit seul soudainement. Il retourna chez lui le cœur lourd et appela sa famille en Écosse.

CHAPITRE 12

Los Angeles, États-Unis

2010

Nina trouvait toujours le retour difficile, car chaque fois qu'elle quittait Carrie, Ethan et les enfants, elle partait le cœur lourd. Mais lorsqu'elle pensait à Alex et Mariama, elle avait hâte de les retrouver. Cette fois-ci, elle était dans un drôle d'état d'esprit, quelque part entre le bonheur et l'angoisse. Elle était angoissée d'être séparée de Jerry, car elle ne connaissait pas l'avenir et en même temps, elle était heureuse des deux semaines merveilleuses passées entre ses bras.

Lors de son escale à Paris, elle l'appela. Elle fut heureuse d'entendre sa voix grave et cela l'apaisa de le savoir encore amoureux d'elle. Loin de lui, elle avait l'impression d'avoir rêvé tout cela. Elle l'appellerait à son arrivée à la Villa du Soleil. Cette idée lui plaisait, elle entendrait encore sa chaude voix et ils pourraient discuter plus longtemps.

À l'aéroport de Niamey, Alex l'attendait avec Joseph, le chauffeur et homme à tout faire de la Villa du Soleil. Elle fut très heureuse de les revoir, elle serra Alex affectueusement dans ses bras. Joseph et sa femme, Christiane, dirigeaient la Villa du Soleil. Il s'agissait en fait d'un ancien hôtel luxueux qu'Ethan avait racheté aux créanciers, suite à la faillite de l'ancien propriétaire. Il l'avait fait transformer en un véritable manoir pouvant accueillir plusieurs familles en même temps. Lors de la venue de Carrie et Ethan, ils engageaient des aides supplémentaires, mais en temps normal, seule Nina habitait le manoir. Elle avait développé avec Joseph et son épouse, une relation amicale et Christiane avait une attitude très maternelle envers Nina.

Alex resta à dîner, ils mangèrent dans la grande salle à manger en compagnie de Christiane et Joseph. Il lui parla des nouveaux développements à l'hôpital. Plus elle lui laissait prendre les guides, plus il démontrait de réels talents de gestionnaire, ce qu'il répugnait à admettre. Si elle décidait de partir, il serait le remplaçant idéal... Christiane et Joseph les laissèrent rapidement pour continuer leur travail respectif ou encore, était-ce une excuse pour les laisser discuter. Nina aurait aimé qu'Alex vienne vivre à la Villa, mais il avait toujours refusé. Il préférait vivre à l'hôtel près de l'hôpital qui depuis quelques années, était le gite officiel des médecins et infirmiers étrangers qui venaient y travailler.

Alex quant à lui, était heureux de son retour, elle lui avait manqué. Mais elle avait quelque chose de différent, il n'arrivait pas à saisir *quoi*. Soudain, il comprit :

— Nina, tu es différente. Tu as les yeux brillants et tu regardes constamment l'heure comme si tu attendais mon départ... Qui veux-tu appeler?

Elle essaya de retenir son sourire et elle baissa les yeux afin de ne pas se trahir.

— Pourquoi dis-tu ça?

— Je te connais depuis longtemps et je sais bien qu'il y a quelque chose... Tu as rencontré quelqu'un?

— Oui...

— Je suis heureux pour toi. As-tu l'intention de le revoir?

— Oui... et elle lui raconta rapidement la raison pour laquelle elle était revenue deux semaines plus tard que prévu.

— Je suis surpris et j'ai hâte de rencontrer ce Jerry qui a réussi là où d'autres ont échoué... Bon, je dois rentrer, je travaille tôt demain matin. Prend ton temps, nous ne t'attendons pas avant quelques jours de toute façon...

Il l'embrassa et prit congé. La Villa était située en périphérie de la ville, il s'agissait d'un domaine de plus de cinquante hectares.

Carrie et Ethan s'étaient réservé une aile complète, cette dernière était fermée et les meubles étaient recouverts de housse pour les protéger de la poussière, de l'humidité et des insectes. L'aile principale comprenait au rez-de-chaussée une bibliothèque, un bureau, une salle de séjour, une salle à manger, une cuisine et les appartements du personnel.

Nina occupait la majeure partie du deuxième étage de l'aile principale, elle avait une immense suite à elle seule. Un petit salon, une salle de bain immense et une chambre comprenant un lit en bois d'ébène avec une moustiquaire qui donnait l'impression d'un baldaquin. Tout était blanc ou dans des tons de crème, le contraste avec les meubles foncés et le plancher de bois était sublime. Ses valises étaient sur le seuil, elle se précipita sur le téléphone.

— Allo! répondit-il.

— Allo mon amour... je suis arrivée saine et sauve.

— Comment vas -tu *muirnin*? Tu dois être fatiguée...

Sa voix... elle prit une profonde inspiration, elle sentait les papillons dans son estomac.

— Oui! Tu me manques, je regarde mon lit qui me parait immense et froid...

— Mmm, il est certain que si tu n'habitais pas à l'autre bout du monde, tu n'y serais pas seule, crois-moi...

— Trois semaines, ça va me paraitre une éternité. Quelle heure est-il chez toi?

Ils discutèrent de tout et de rien, tout était prétexte pour se parler et ainsi avoir l'impression d'être ensemble.

Elle s'endormit comme une petite fille et rêva de lui. Quand elle s'éveilla, le soleil était déjà haut dans le ciel. Elle s'habilla et descendit déjeuner, Christiane lui fit du café et un petit déjeuner comme à son habitude : rôties, miel et fruits. Elle alla faire son tour à l'hôpital. Elle s'installa à son bureau, mais pour la première fois de sa vie, elle n'avait aucune envie de travailler... Ses pensées étaient ailleurs... Elle passa un uniforme et un sarrau puis descendit à l'urgence. Quand Alex l'aperçut, il ne cacha pas sa surprise.

— Que fais-tu ici? Tu devrais aller te reposer. Tu viens de traverser la moitié de la planète!

— J'avais besoin de venir faire mon tour et de me rappeler pourquoi j'ai choisi cette vie...

Il ne dit mot, mais un sombre doute l'envahit : elle pensait à quitter la pratique... Il espérait bien rencontrer ce Jerry et avoir une longue conversation avec lui...

Nina passa le reste de la journée ainsi qu'une partie de la soirée à travailler auprès des patients. De retour à la Villa, elle mangea à l'étage, se doucha et appela Jerry. Pendant les jours suivants, elle travailla du matin au soir, car cela lui permettait d'oublier le vide qu'elle ressentait. Le temps passait rapidement, il ne lui restait plus qu'une semaine avant Paris. Son cœur palpitait à cette pensée.

CHAPITRE 13

Niamey, Niger

2010

Le 28 mai, jour de son trente-septième anniversaire, son réveil fut quelque peu brutal. Une pluie torrentielle fouettait la baie vitrée de sa chambre restée ouverte, inondant rapidement le sol. Elle se leva en vitesse pour refermer les battants et nettoyer le tout. Lorsqu'elle descendit déjeuner, elle vit que Christiane lui avait mis un bouquet de fleurs à sa place habituelle avec un petit présent. Elle courut à la cuisine pour l'embrasser. Son cellulaire sonna, c'était Jerry. Il avait mis son réveil en pleine nuit afin de pouvoir lui souhaiter bonne fête, elle fut tellement heureuse. Surtout, qu'elle ne lui avait jamais dit sa date d'anniversaire... Elle quitta pour l'hôpital le cœur léger. Alex et Mariama avaient également pensé à son anniversaire. Alex lui avait donné une bouteille de vin d'Alsace et une bouteille de Bordeaux. Il savait combien elle aimait le vin, c'était introuvable dans ce pays! Il avait dû payer une petite fortune. Mariama lui offrit un collier de billes de verre dans des teintes de bleu azur, Nina adorait le bleu. Elle passa une belle journée malgré le déluge qui sévissait, la saison des pluies étant débutée.

De retour à la Villa, elle monta à l'étage, prit un bain et redescendit pour prendre un apéritif avec Christiane à la cuisine. Elle cuisinait un des plats préférés de Nina, du couscous à l'agneau. La cuisine embaumait la coriandre et le cumin. Christiane regarda par la fenêtre, une voiture arrivait dans l'allée. Nina n'avait pas remarqué que Joseph était sorti. Christiane lui dit d'aller ouvrir.

Nina prit le corridor pour se rendre dans le hall d'entrée. Curieuse, elle ouvrit rapidement la porte. Jerry se tenait sur le seuil dégoulinant de pluie. La surprise la rendit muette, elle ne s'attendait pas à le trouver sur le perron. Il lui sourit.

— Est-ce que je peux entrer?

— Jerry! C'est toi?

Elle se jeta dans ses bras et il la serra contre lui, elle fut trempée aussitôt.

— Que fais-tu ici?

Elle l'aida à retirer son manteau trempé tandis qu'une flaque d'eau se formait à ses pieds.

— Le tournage en Italie est retardé et je ne pouvais plus attendre. Bon anniversaire *muirnin*...

Il lui prit le visage entre ses mains et embrassa ses lèvres tendrement. Nina se sentit fondre de bonheur. Elle répondit à son baiser avec ferveur.

— Comment est-ce…

— Vol direct, je suis parti de Los Angeles la nuit dernière, quand je t'ai appelé pour te souhaiter bonne fête, j'étais sur mon départ...

— Oh Jerry! Je suis si contente, c'est le plus beau cadeau que tu pouvais me faire!

Elle se jeta encore à son cou, il la prit dans ses bras. Elle était tellement heureuse, elle riait de bonheur.

Elle se tourna, Christiane se tenait dans le hall et les regardait en souriant. Nina fit les présentations en français puis elle traduit pour Jerry.   Elle entreprit par la suite de lui montrer ses appartements au second étage. Aussitôt dans sa chambre, il la prit dans ses bras.

— Je t'aime *muirnin*... et il l'embrassa comme lui seul avait le talent.

Elle devint fébrile et eut envie de le redécouvrir. Jerry n'avait qu'une idée en tête, la faire sienne et faire l'amour toute la nuit. Il la déshabilla tout en douceur, embrassant chaque parcelle de son corps qu'il dénudait, elle gémissait d'appréhension. Elle ne pouvait supporter plus longtemps cette torture, elle le voulait maintenant... Elle entreprit de lui retirer ses vêtements, il rit de bonheur. Elle était toujours aussi impatiente... Ils firent l'amour dans le grand lit d'ébène, oublièrent tout et s'abandonnèrent à leur passion.

Quelque temps plus tard, la faim les tira du lit et ils redescendirent. La table dans la salle à manger était mise et Christiane les servit en silence. Jerry demanda à Christiane si Joseph avait entré les caisses, Nina dut traduire. Il suivit Christiane à la cuisine puis revint avec un vin rouge italien que Nina lui avait dit adorer.

— Tu as apporté du vin...

— Oui, quatre caisses de toutes sortes, je ne savais pas si on me laisserait les amener...

Nina lui demanda des nouvelles de Carrie, Ethan, Andy et des paparazzis...

— Ils se sont calmés, car tu n'es plus là pour les alimenter. Ils me voient toujours seul ou en compagnie de mon agent. Rien de bien intéressant...

Il prit une pause et la regarda franchement.

— Vu que le tournage à Rome est retardé... Au lieu de Paris, je te propose de venir avec moi en Écosse... Qu'en penses-tu?

— L'Écosse? Me présenter à ta famille?

— Oui, j'ai vraiment envie que tu les rencontres.
Il lui prit la main.

— Être séparé de toi m'a fait sentir seule et triste. Je devais travailler comme une folle pour ne pas y penser... Maintenant que tu es là, je réalise que je ne veux plus être séparée de toi... Oui, je veux aller en Écosse...

Ils s'embrassèrent par-dessus leur assiette. Jerry était heureux de ce qu'il venait d'entendre, c'était au-delà de ses espérances. Comme dessert, Christiane avait préparé un gâteau d'anniversaire et Nina dut souffler les bougies. Jerry se leva puis revint avec un petit paquet enveloppé dans un emballage luxueux. Elle ne cacha pas sa gêne en le déballant, il s'agissait d'un pendentif en or avec un superbe saphir serti de diamants ainsi que les boucles d'oreille assorties. Bouche bée, elle contempla les bijoux en silence, elle n'avait jamais reçu un tel présent.

— Tu n'aimes pas? s'inquiéta-t-il.

— Mon dieu, Jerry c'est magnifique!

— C'est en souvenir de la robe que tu portais le soir de notre rencontre. Tu l'as laissée dans mon placard et chaque fois que je m'habille, je pense à toi et me souviens à quel point tu étais magnifique ce soir-là. Le bleu te va à ravir, *muirnin*, et le saphir est la pierre précieuse faite pour toi mon amour...

Il glissa le pendentif à son cou et elle mit les boucles d'oreilles. Il la contempla, le décolleté plongeant de sa robe noire faisait ressortir le saphir et les diamants. Elle alla jusqu'au miroir de la salle à manger pour l'admirer. Elle le vit derrière elle, leurs regards se croisèrent dans le miroir.

Elle mit ses bras autour de son cou et ils tournoyèrent comme s'ils dansaient sur une musique imaginaire, les yeux dans les yeux. Cette nuit-là, Nina le regarda dormir longuement, elle n'arrivait pas à croire qu'il était vraiment là dans son lit et qu'il avait traversé la moitié du globe pour elle. Elle était si heureuse, c'était son plus bel anniversaire. Elle avait besoin de lui comme de l'air qu'elle respirait... Mais elle ne pouvait pas abandonner sa vie ici, tout ce qu'elle avait construit et le projet des cliniques de maternité à poursuivre... Elle finit par s'endormir collée contre son corps si chaud.

Le lendemain matin, Nina avertit sa secrétaire qu'elle serait absente pour la journée. Par contre, elle devrait faire son tour de garde à l'urgence la journée suivante. Elle lui fit visiter le domaine et les alentours. Il fut très impressionné par la savane et les animaux qu'on pouvait y observer. Elle décida de l'amener à l'hôpital, qui était en banlieue de la ville, donc facilement accessible. La conduite automobile était un véritable sport extrême, il fallait s'imposer et foncer pour pouvoir passer dans les intersections. Jerry se tenait au tableau de bord par moment et il fut amusé de voir Nina conduire de façon si audacieuse.

Elle lui fit faire le tour de l'hôpital, elle n'était pas peu fière de lui montrer ce qu'ils avaient accompli pendant toutes ces années. Alex n'était pas joignable, elle aurait aimé faire les présentations. Mariama fut très contente de rencontrer le fameux Jerry. Ce dernier appréciait le sentiment d'anonymat qu'il vivait parmi tous ces gens qui se moquaient bien de Jerry Buchanan et cela lui fit le plus grand bien. Il n'était que l'amant du Dr Grace. Elle était la *vedette* ici. Partout dans l'hôpital, on la saluait respectueusement et on lui demandait son avis pour tout. Le tour du propriétaire fut long, car ils étaient constamment interrompus par le personnel qui interpellait constamment le Dr Grace. Nina était professionnelle et répondait calmement, toujours en souriant. De toute façon, Jerry comprenait peu le français.

Il était content de connaître enfin son environnement de travail ainsi que son milieu de vie, il comprenait mieux le genre de personne qu'elle était. Elle n'avait rien à voir avec la multitude de femmes qu'il avait côtoyée.

Elle lui fit visiter le quartier du personnel médical et lui montra la chambre qu'elle avait occupée pendant des années avant d'aller vivre à la Villa. Jerry fut heureux de voir tout ça, car il avait toujours en tête le scénario de Carrie... Elle lui fit visiter son dada, le département de maternité et la pouponnière. Il l'imagina berçant la petite Zara tout près des incubateurs.

Finalement, ils croisèrent Alex et Nina heureuse, fit les présentations. Jerry lui serra la main avec respect, cet homme était aussi impressionnant que sa Nina. C'était un médecin qui avait consacré toute sa vie à l'aide humanitaire. Alex quant à lui, était tellement surpris de la présence de Jerry qu'il resta muet. Il le trouva séduisant et il paraissait *vraiment* amoureux de Nina. Cette dernière était resplendissante, comme une fleur qui s'épanouit au soleil.

Ils retournèrent à la Villa, Jerry conduisit pour le retour. Il n'eut aucun problème à s'imposer et s'adapta facilement à cette conduite démente dans les carrefours. Christiane avait préparé un excellent dîner comme à son habitude et ils mangèrent avec appétit. Le lendemain, Nina devait partir vers 6 h pour aller travailler aux urgences. Elle se leva vers 5 h et l'embrassa furtivement afin de ne pas le réveiller.

Joseph vint la reconduire. La journée passa relativement vite, elle avait l'esprit ailleurs. Elle ne pouvait s'empêcher de penser à son amour qui passait la journée seul à la Villa. Elle aurait aimé pouvoir être à ses côtés... En fin de journée, elle fut très occupée et ne vit pas le temps passer.

Vers 18 h 30, alors qu'elle avait presque terminé son quart, arriva une jeune mère en travail. Le travail était bloqué, à l'examen Nina su que le bébé ne se présentait pas de la bonne façon. La tête était trop engagée. Elle aurait pu en venir à bout avec les forceps, mais au moniteur le pouls du bébé ralentissait, signe d'une importante détresse. On avait attendu trop longtemps avant de l'amener. La césarienne était leur seule option. Nina demanda qu'on appelle le chirurgien, en l'occurrence Alex, qui ne mit pas long à arriver.

Nina était déjà au bloc en train de se brosser à son arrivée, elle lui fit un rapport détaillé pendant qu'il se préparait. Elle allait l'assister vu l'urgence de la situation, et vu que le bébé nécessiterait des soins immédiats. Ils se préparèrent à opérer rapidement côte à côte comme ils le faisaient en Sierra Leone, il y avait bien longtemps.

Elle eut l'honneur de faire l'incision pour libérer l'enfant, mais à sa grande surprise, elle fut incapable de le retirer. Il était véritablement coincé dans la symphyse pubienne de la mère. Elle regarda Alex inquiète, il prit sa place et tenta de tirer sur l'enfant sans succès.

— Elle a quatre enfants en bas âge, dit une des infirmières.

En Afrique, lorsqu'il s'agissait de faire un choix, la question ne se posait même pas. Il y avait toujours d'autres enfants dont la vie dépendait de la survie de la mère. Ils sauvaient toujours la mère, le cas contraire n'étant jamais une option envisageable. Nina sentit ses cheveux se dresser sur sa tête. Alex la regarda d'un air désolé, ils ne pouvaient plus rien pour le bébé, ils n'avaient pu le sauver. Il lui demanda un scalpel et entreprit de sortir l'enfant par morceaux. Nina dut l'assister en les déposant dans le plateau stérile tout près d'elle. Elle avait de la difficulté à respirer calmement et dut faire un effort surhumain pour rester calme et professionnelle. Elle savait qu'Alex devait souffrir lui aussi et cela l'aida à rester par solidarité pour lui. Une des infirmières sortit en trombe, elle crut l'entendre vomir de l'autre côté de la porte. Les larmes lui brouillaient la vue et elle ne voyait plus rien. Elle tentait d'ouvrir grand ses yeux afin de les libérer et ainsi voir ce qu'elle faisait. Elle essaya d'oublier le petit corps qui prenait forme dans le plateau près d'elle.

— Quels sont les signes vitaux de la mère? demanda Alex.

— Le pouls se maintient, mais la tension faiblit.

— Donnez-lui un bolus de 1000 cc rapidement.

Il termina puis entreprit de refermer, Nina l'assista jusqu'à la fin. Ils sortirent et laissèrent la mère aux soins de l'anesthésiste et des infirmières. Alex allait passer voir la patiente en maternité. Il remercia Nina de son professionnalisme et lorsqu'il la serra dans ses bras, il tremblait. Puis il tourna les talons et la laissa. Nina partit d'un pas incertain vers le vestiaire, se changea comme une automate. Elle descendit dans le hall de l'hôpital, elle devait appeler Jerry afin qu'il vienne la chercher. Elle le vit qui discutait avec la réceptionniste, cette dernière riait. Lorsqu'il la vit pâle et chancelante, il vint la serrer dans ses bras.

— Partons d'ici, dit-il en l'entrainant à l'extérieur.

Il lui ouvrit la portière, elle se glissa dans la jeep. Il faisait nuit et il pleuvait à verse, on ne voyait même pas devant la jeep. Il entra et se mit au volant. Elle pleurait doucement, ne pouvant cesser de penser à ce petit garçon. Soudain, elle fut prise d'un besoin qu'il la prenne dans ses bras et se tourna vers lui. Elle l'embrassa, il répondit à son baiser tendrement. Elle entreprit de se glisser devant lui les jambes de chaque côté de son corps, sa longue jupe remontée sur ses hanches. Surpris, il la laissa faire.

— Jerry, j'ai besoin de toi, je t'en prie, fais-moi l'amour...

Elle l'embrassa passionnément, il répondit avec fougue. Il lui caressait les seins et les fesses, attrapant tout ce qu'il pouvait. Elle gémit de plaisir pendant qu'il léchait sa poitrine qu'il avait réussi à dénuder partiellement. Elle entreprit de détacher son pantalon afin de libérer son sexe gonflé, il était doux, chaud et si dur... Elle tira sa culotte brésilienne sur le côté afin de permettre à son membre de glisser à l'intérieur de son sexe humide. Il grogna de plaisir et prit ses hanches afin de l'aider dans son mouvement de va-et-vient. Elle accéléra tout en gémissant. Elle voulait atteindre l'orgasme rapidement, elle avait besoin de se sentir vivante, elle voulait sentir qu'elle était sienne. Elle avait tellement besoin de lui, il lui apportait tellement de bonheur, des larmes coulaient sur ses joues. Jerry ralenti doucement la cadence, essuya ses larmes et tint son visage entre ses mains.

— Qu'est-ce qu'il y a *muirnin*?

Elle était incapable de parler, elle baissa les yeux.

— J'ai besoin de toi, murmura-t-elle.

Elle bougea doucement, elle sentait son sexe durci en elle. Cela la comblait, elle voulait le garder en elle, qu'il jouisse en elle.

— Fais-moi l'amour...

Ce qu'il fit sans poser de question. Ils étaient littéralement en sueur, car il faisait très chaud. Il conduisit sans un mot jusqu'à la Villa. L'air conditionné ne fonctionnait pas dans la jeep. La chaleur était suffocante. Nina était calme, mais il pouvait sentir sa détresse. Il était inquiet, il savait qu'il s'était passé quelque chose. Il avait vu Alex entrer dans l'hôpital et ce dernier lui avait dit qu'il allait opérer d'urgence. Jerry était arrivé vers dix-neuf heures, c'était l'heure que Nina devait terminer son quart. Il l'avait attendu presque deux heures dans le hall.

Ils arrivèrent à la Villa, Nina n'avait dit mot de tout le trajet. Elle courut à sa chambre, il la suivit. Elle se déshabilla rapidement puis se dirigea vers la douche.

— *Muirnin*, je t'en prie, dis-moi ce qu'il y a...

— Je vais dans la douche, tu peux venir...

Il se déshabilla rapidement et la suivit. Elle se tenait sous le jet d'eau chaude, dos à lui. Il prit le savon et la caressa doucement le long de sa colonne vertébrale puis glissa sur son ventre et sa poitrine. Elle le laissa faire, il était si tendre. Il glissa sa main entre ses cuisses en une douce caresse puis sur ses fesses. Il lui embrassa le lobe de l'oreille et lui dit quelque chose en gaélique qu'elle ne comprit pas. Elle se tourna vers lui d'un air interrogateur.

— Qu'est-ce que tu as dit?

Il sourit, mais ne répondit pas. Il l'embrassa et entreprit par la suite de se savonner pendant qu'elle sortait de la douche. Elle se dit qu'elle devait lui raconter, elle ne pouvait pas le laisser dans l'ignorance. Il avait été tellement adorable, ne lui posant aucune question. Il sortit de la douche, elle le contempla tendrement tandis qu'il se séchait à la serviette.

— Merci d'avoir répondu à ma demande et de ne pas avoir insisté. J'étais tellement sous le choc, tu m'as donné tellement d'amour, j'en avais besoin.

— Que s'est-il passé, j'ai vu Alex quand il est arrivé. Il ne m'a rien dit...

Elle lui raconta. Elle pleurait en racontant ce qu'ils avaient dû faire, découper le bébé pour le sortir et sauver la mère.

— Je n'en peux plus...

Il la prit dans ses bras.

— Ma chérie, tu n'es plus obligée de faire des gardes, tu pourrais juste faire des tâches administratives... Tu as déjà tellement donné...

— Je n'en peux plus, Jerry, amène-moi loin d'ici!

Il était surpris, mais en même temps, il en fut enchanté.

— Je n'en peux plus de la misère, de la souffrance... je veux être heureuse. Je veux être avec toi, j'ai envie d'être égoïste pour une fois...

— C'est une très bonne idée *muirnin*, pendant toutes ces années tu n'as jamais pensé à toi. Il est temps que tu permettes au bonheur d'entrer dans ta vie. On part quand tu veux...

— Je vais arranger mon départ demain. Est-ce que tu as faim? On pourrait demander à Christiane de nous monter le dîner.

— Excellente idée, mais il faudrait d'abord s'habiller...

CHAPITRE 14

Loch Lomond, Écosse

2010

Jerry était originaire de la ville d'Helensburgh sur la côte ouest de l'Écosse. Il avait passé son enfance dans cette bourgade située sur les rives du Firth of Clyde. Il s'agissait d'une région magnifique. Nina fut surprise de découvrir un si beau panorama, elle s'était attendue à du froid et de la grisaille, mais elle découvrait un pays de lacs et de rivières, l'eau étant omniprésente. La ville d'Helensburgh possédait un charme typique des villes maritimes avec ses rues qui semblaient descendre jusque dans le fleuve.

Jerry possédait une superbe résidence au Loch Lomond, à proximité d'Helensburgh. Elle explora avec plaisir la propriété de Jerry. Il s'agissait d'une grande maison en pierre, de style victorien, entourée de verdure et d'arbre, située sur le bord du loch. On était en juin, un des plus beaux temps de l'année pour découvrir l'Écosse selon Jerry.

Nina adora la maison, elle était spacieuse, décorée dans le style champêtre, toute en lumière. Elle avait imaginé les maisons écossaises sombres et austères, un peu à l'image des châteaux et manoirs qu'on voyait dans les revues touristiques. Ici, tout était différent de ce qu'elle avait pu imaginer. Au rez-de-chaussée, on retrouvait une immense salle de séjour avec un foyer de pierre, meublée de divans crème et de deux bergères carrelées vert forêt agrémentées de coussins et jetées rouges. Le décor était si chaleureux et typique d'une maison de campagne qu'il ne manquait qu'un chien roulé en boule sur le tapis.

Il y avait une deuxième salle de séjour, où trônait un piano à queue antique avec un autre foyer de pierres, plus petit celui-là. Une immense salle à manger meublée d'une énorme table en bois clair et des chaises assorties, des rideaux à carreaux rouge-bordeaux et des murs de couleur miel, le tout attenant à une grande cuisine. On retrouvait également un foyer de pierres dans la salle à manger qui devait utiliser la même cheminée que celui de la petite salle de séjour.

La cuisine était lumineuse. En ce moment même, le soleil l'inondait d'une douce chaleur par le puits de lumière au-dessus du coin-repas. Nina était tout simplement ravie, Jerry la suivait enchanté de lui faire découvrir la maison. Il était heureux qu'elle l'aime, il l'avait achetée quelques années plus tôt, n'ayant rien changé à la décoration, n'y venant qu'à l'occasion.

Ils montèrent à l'étage et Nina découvrit avec bonheur la chambre de Jerry. Les murs de planches étaient turquoise avec un immense lit à baldaquin blanc au centre de la pièce ainsi qu'un incontournable foyer de pierres. La couette était blanche, garnie de broderies et de dentelles.

— Les murs sont de la couleur de tes yeux... j'adore ça, lui dit-elle en l'embrassant.

La salle de bain attenante était blanche avec une baignoire sur pied, on avait peint des motifs floraux turquoise sur le revêtement extérieur. Nina en fut intriguée. Sur l'étage se trouvaient quatre autres chambres. Une chambre rose avec lit à baldaquin et lustre de cristal, salle de bain attenante, rose également. Une grande maison de poupée trônait près de la fenêtre. La seconde était totalement bleue, d'inspiration maritime avec fenêtre en forme de hublot. La troisième était belle comme un rayon de soleil, dans les teintes de jaunes et orangés et la quatrième totalement blanche, aucune couleur sauf le plancher de bois sombre. Chaque chambre possédait sa propre salle de bain. Il y avait également une pièce qui servait de bureau ou de bibliothèque, mais il n'y avait aucun livre, de toute évidence Jerry n'habitait pas ici...

— Qui a fait la décoration? demanda Nina intriguée.

— Je l'ai acheté comme ça, je n'ai rien changé.

— Brrr! Il fait froid... Peut-être que tu pourrais faire un feu dans notre chambre et on pourrait se réchauffer...

— Pas besoin d'un feu pour cela, je connais une autre façon de se réchauffer... répondit-il en souriant.

Il la prit dans ses bras et l'embrassa tendrement.

— Je suis content que la maison te plaise, *muirnin*...

— Elle est très belle, et personnellement je l'aime mieux que ta maison à Hollywood...

— Ah oui? Il en fut ravi.

Il jeta un coup d'œil sur le thermostat central afin de l'ajuster vu qu'ils habiteraient la maison quelque temps. Ils retournèrent à leur chambre pour défaire leurs valises, il y avait une immense penderie qui n'attendait que d'être occupée. Il était quatre heures de l'après-midi et ils devaient aller faire le marché, car la maison avait été inoccupée pendant quelques mois. Ils firent tout de même l'amour, tout étant prétexte à des baisers et des caresses et Nina n'était pas difficile à convaincre.

Ils revinrent du marché et il entreprit de faire le dîner au grand plaisir de Nina qui but un verre de vin tout en le regardant faire. Elle s'installa dans le solarium attenant à la cuisine et se berça devant la baie vitrée en regardant le loch sous la lumière du jour qui faiblissait. Elle admira le paysage, profitant de ce beau moment de quiétude domestique. Elle se sentait si bien dans cette maison, dans ce pays, avec cet homme... Elle avait l'impression d'y avoir passé sa vie, comme si tout ce qui était arrivé avant aujourd'hui ne comptait pas. Comme si elle avait toujours connu Jerry. Elle était impatiente de rencontrer sa famille, ils ne pourraient qu'être sympathiques.

— Tu n'as pas l'impression parfois qu'on se connait depuis toujours? lui demanda-t-il en refermant la porte du four.

— Que veux-tu dire?

— Comme si on se connaissait depuis des années alors qu'on se connait depuis à peine un mois...

— Oui, c'est justement ce à quoi je pensais... J'ai l'impression d'avoir toujours habité ici alors que c'est la première fois que je viens et je me sens comme si j'avais passé ma vie avec toi...

Elle se leva et s'approcha de lui, il s'essuya les mains et la prit dans ses bras.

— Je pense que tu es mon âme sœur... je ne vois pas d'autre explication, lui dit-elle.

Il l'embrassa tendrement, tout en lui murmurant des paroles en gaélique. Elle fondit en l'entendant, il avait une intonation de voix si grave quand il parlait comme ça...

— Qu'est-ce que tu as dit, c'est de l'irlandais ou de l'écossais?

— C'est du gaélique écossais. Il existe aussi le gaélique irlandais que ma mère parle. Les racines sont les mêmes, mais ce sont tout de même deux dialectes distincts. Ce que je connais de l'irlandais ce sont surtout les mots d'amour et les injures! Grâce à elle!

Il rit, se rappelant les jérémiades de sa mère en colère contre son père.

— Qu'est-ce que tu as dit? Je veux savoir...

Il le répéta, elle attendit la traduction le cœur battant.

— Ça veut dire : tu es la plus jolie des femmes et je t'aimerai toute ma vie.

— Je t'aime mon chéri et je t'aimerai toute ma vie... J'ai d'ailleurs l'impression que mon amour grandit chaque jour, alors qu'hier il me semblait impossible de t'aimer plus et qu'effectivement aujourd'hui je t'aime plus qu'hier...

— Aujourd'hui plus qu'hier, mais moins que demain...

CHAPITRE 15

Helensburgh, Écosse

2010

La maison des parents de Jerry était située dans un beau quartier d'une ville portuaire nommée Helensburgh. Le père de Jerry avait tenu une étude de notaire durant de nombreuses années, en fait jusqu'à son décès l'année précédente. Mme Buchanan, maintenant retraitée, avait gagné sa vie comme enseignante. Jerry lui raconta comment il avait détesté l'année où elle avait été son institutrice, car cela l'avait rendu très impopulaire auprès de ses collègues de classe. Sa mère habitait maintenant seule la grande maison familiale. Cette résidence entièrement faite de briques rouges avec un toit d'ardoises grises était située sur une magnifique rue bordée d'arbres feuillus.

Ils passèrent les grilles et entrèrent dans la cour. Pendant que Jerry garait tranquillement la Mercedes, Nina sentit l'appréhension l'envahir. Jerry quant à lui était très content de la présenter à sa famille, ils ne pourraient que l'adorer. Elle était très jolie avec sa robe marine de lainage serrée à la taille d'une immense ceinture qui moulait son corps délicieux et ses cheveux qui tombaient en une douce cascade sur ses épaules. Elle ne se maquillait jamais, ou très peu, ce qu'il appréciait beaucoup. Il avait toujours fréquenté des femmes très belles, mais tellement axées sur leur apparence et leur régime...

Deirdre Buchanan se révéla être une femme adorable, chaleureuse et très accueillante. Elle avait des cheveux mi-longs poivre et sel et des lunettes qui retenaient ses cheveux rebelles quand elle les remontait sur sa tête. Elle mit tout de suite Nina à l'aise et cette dernière l'apprécia dès les premiers instants. Elle prit son fils dans ses bras en riant de bonheur puis elle serra Nina à son tour en l'embrassant sur les joues chaleureusement.

— Je suis si heureuse que vous soyez venus... Jerry, tu ne viens pas assez souvent nous voir... Vous êtes les premiers arrivés, nous avons le temps de faire connaissance...

Elle prit Nina par le bras et l'entraîna dans le hall puis vers la salle de séjour. La maison était très belle avec des corniches et poutres en bois au plafond. Une immense cheminée en grès trônait au milieu de la salle de séjour et des couleurs vives qui ensoleillaient les pièces. Dans le creux d'une tourelle se tenait un piano à queue ainsi que divers instruments de musique. Nina s'approcha attirée par les violons, guitare et piano... Interdite, elle eut soudain une pensée pour son père et les larmes lui vinrent aux yeux.

— Ma mère enseigne la musique et le chant, dit Jerry qui l'avait suivi.

— Mon père jouait de tous ces instruments, et il parait que ma mère jouait très bien du violon...

Deirdre s'approcha doucement et lui dit :

— Jerry m'a dit que ta mère est décédée alors que tu avais quatre ans alors que tu habitais Vancouver? Comment s'appelait-elle?

— Catherine O'Neil.

— C'est bien ce que je croyais... Ton père s'appelait William Grace n'est-ce pas?

Nina la regarda estomaquée et Jerry ne put cacher sa surprise. Deirdre lui prit la main et lui sourit doucement.

— Catherine O'Neil était ma petite cousine, nous avons été élevées ensemble à Wicklow en Irlande... Tu es donc sa fille Virginia...

— Vous connaissez ma mère! Nina n'en revenait pas. Je n'ai pas beaucoup de souvenirs d'elle... Je sais seulement qu'elle est venue faire ses études au Canada et qu'elle y a rencontré mon père...

Je n'ai pas connu sa famille, je sais seulement qu'elle venait d'Irlande.

— Ton grand-père, le cousin de mon père en l'occurrence, n'a jamais approuvé son départ pour le Canada et ni ce mariage qu'il déplorait par-dessus tout...

Deirdre s'interrompit en lui jetant un regard conciliant.

— Je suis désolée... Il espérait que sa fille rentrerait au pays, mais au lieu de cela, elle tomba enceinte et épousa un jeune étudiant en médecine. Ta mère avait tout un caractère et personne ne pouvait lui dicter sa conduite. Surtout pas son père auquel elle a toujours tenu tête...

Abasourdie, Nina écouta Deirdre lui parler de sa mère qu'elle avait connue... Cette femme qui lui avait donné naissance et qui apparemment, l'avait aimée, choyée, alors qu'elle n'avait conservé d'elle que de rares réminiscences.

— Mon père avait des photos et il m'en parlait souvent, mais... J'ai tellement peu de souvenirs... Je me rappelle qu'elle me chantait de douces chansons en gaélique...

Elle se tourna vers Jerry. Elle venait de trouver la raison pour laquelle elle sentait une telle émotion monter en elle quand il parlait en gaélique... Elle s'assit près de lui en soupirant d'émotion, elle s'était attendue à tout sauf à cela! Il lui prit la main et embrassa l'intérieur de son poignet tendrement.

— Maintenant, je comprends d'où tu tiens ces petites taches de rousseurs... lui dit-il en lui souriant, ce sont tes racines irlandaises...

Deirdre avait quitté la pièce et revint avec un vieil album photo. Elle lui montra des photos d'elle et Catherine dans leur enfance et leur adolescence. Puis des photos du mariage des parents de Nina.

— Vous étiez présente à leur mariage? Au Canada?

— Oui! et à ton baptême aussi. Attends, c'est ici!

Elle lui montra des photos de son baptême, on y voyait ses parents à l'église, Nina reconnaissait ces photos...

— Tiens! regarde, c'est Jerry et toi!

On voyait un petit garçon qui tenait un nourrisson dans ses bras. Nina tourna la page émerveillée, sur la photo suivante on y voyait le petit garçon lui donner un baiser sur la joue.

— Tu vois, ça m'a pris trente-six ans à te retrouver *muirnin*... lui dit-il de sa belle voix grave.

Elle eut des papillons dans son estomac, elle pouvait sentir tout son amour dans cette simple phrase... Elle se tourna vers lui en souriant de bonheur et elle lui donna un baiser sonore sur les lèvres. C'était incroyable!

— Je n'en reviens pas! Si jeune et déjà un séducteur invétéré!

Elle avait l'impression d'avoir retrouvé une parcelle de famille qu'elle n'avait jamais connue.

— Ta grand-mère vit encore à Wicklow... Ton grand-père est décédé il y a plusieurs années, affirma Deirdre.

Sa grand-mère vivait... elle était sous le choc. La sonnette retentit et Deirdre se leva pour aller accueillir le reste de la famille.

— Ça va, ma chérie? lui demanda Jerry.

Les révélations de Deirdre étaient surprenantes, elle devait être ébranlée... Lui-même avait été surpris, sa mère lui avait posé des questions sur Nina, mais il ne savait rien de ses origines.

— Ça va, merci!

On entendait des voix dans le vestibule, Jerry se leva et attrapa deux petites filles qui coururent se jeter dans ses bras.

— Oncle Jerry!

Il se releva, les tenant toutes deux en s'esclaffant. Elles parlaient en même temps et l'embrassaient sur les joues. Il les déposa et leur présenta Nina. Elle se pencha pour leur tendre la main en signe de salutation. Elsie, la plus grande était rousse et Maisie était blonde, toutes deux avaient les yeux turquoise de leur oncle.

— Bonjour Mesdemoiselles! Enchantée!

Une femme blonde entra dans la salle de séjour suivi d'un homme qui ressemblait à Jerry, mais avec moins de cheveux.

— Je te présente mon frère Glenn et ma sœur Cécilia. Ian n'est pas avec toi?

— Non, il va arriver plus tard. Il a dû travailler cet après-midi.

Ils serrèrent Nina dans leur bras et l'embrassèrent sur les joues comme s'ils la connaissaient depuis toujours. Ils s'assirent dans la salle de séjour pour discuter avant le dîner. Glenn entreprit de servir les apéritifs.

— Ton fils n'est pas avec toi? demanda Jerry.

— Il est avec Brigit, c'est son week-end et je n'ai pas pu y déroger. Finalement, elle a accepté une garde partagée. Je me suis acheté une maison dans le même quartier, ce sera plus facile pour Lucas. Nous avons failli être obligés de passer devant le juge, mais elle a finalement entendu raison.

Glenn était avocat et venait de se séparer. Il avait un fils de 10 ans, Lucas. Jerry lui en avait parlé. Il lui avait dit aussi que le mari de sa sœur, Ian MacNab était un entrepreneur en construction. Cécilia était hygiéniste dentaire et ils habitaient dans un nouveau quartier de Greenock, une ville voisine. Les fillettes étaient assises sur les genoux de Jerry, il ne s'en plaignait pas, Nina les trouva adorables.

Deirdre était heureuse rencontrer la fameuse Nina; il était facile de comprendre pourquoi son fils en était si amoureux... Quand Jerry l'avait appelé quelques semaines plus tôt, pour lui parler de sa rencontre avec cette femme au destin particulier, elle avait eu peur. Elle en avait assez de le voir dans des relations qui n'aboutissaient à rien. À son contact, elle comprit que cette jeune femme était exceptionnelle, tout comme son Jerry. Ce dernier avait une vie fabuleuse, né sous une bonne étoile, tout ce qu'il touchait devenait un succès... Mais il n'avait jamais réussi à trouver une femme pour lui. Deirdre voulait qu'il connaisse le vrai bonheur de la vie. Nina semblait être la réponse à ses prières. De plus, elle était la fille de Catherine.

Catherine O'Neil avait été une personne chère à son cœur, son départ pour le Canada l'avait rendue amère. Elle était sa meilleure amie, sa confidente. Catherine était une fille volontaire qui savait tenir tête à l'autorité et qui allait toujours à l'encontre des conventions. Elle était une rebelle et ce n'est pas en Irlande qu'elle croyait être son destin. Deirdre avait quitté Wicklow peu de temps après Catherine. Elle était partie étudier à Glasgow en Écosse, où elle avait rencontré Alistair Buchanan et fait un mariage d'amour. Elle trouvait attendrissant de voir Jerry amoureux de la fille de Catherine. Alistair en serait sûrement très heureux lui aussi. Il avait toujours voulu le bonheur de ses enfants et surtout de Jerry qui avait été si seul toutes ces années... Pour Deirdre, le bonheur passait d'abord par une vie amoureuse et familiale.

Ils passèrent à table et les discussions furent animées comme toujours. Cécilia et Glenn se querellaient comme à leur habitude. Elle trouvait qu'il laissait encore Brigit diriger sa vie malgré leur divorce éminent, rien de nouveau sous le soleil... Jerry tentait quant à lui de rester neutre et ses tentatives pour changer de sujet furent vaines. Ian ne disait mot, il ne contredisait jamais sa femme en public. De toute façon, il l'adorait et se rangeait toujours de son côté. Restait Glenn, ce grand incompris, qui souffrait encore de la séparation de sa femme et de son fils et qui écoutait les remontrances de sa sœur l'air peiné. Nina constatait que Glenn était un homme bon et peut-être trop conciliant. Au lieu de s'engager dans un procès coûteux et difficile pour tout le monde, il avait abdiqué.

— Acheter la paix pour le bien-être de l'enfant n'a sûrement pas été un choix facile, mais selon moi, les enfants doivent rester LA priorité. Ne put s'empêcher de dire, Nina.

Elle le regretta aussitôt quand elle vit le regard furieux de Cécilia, mais Deirdre apprécia son intervention.

— Tu as raison, Nina. Lucas doit rester ta priorité Glenn et je suis sûre que tu as fait le bon choix.

— Je ne dis pas qu'il n'a pas bien fait, se reprit Cécilia, je dis juste que c'est encore Brigit qui a gagné au détriment de mon grand frère que j'adore...

Glenn se détendit et sourit en levant son verre vers Nina. Elle lui rendit son sourire.

Le reste du souper se passa sans encombre, le sujet était clos. Ils discutèrent de l'été qui s'annonçait et des projets de vacances de chacun. Jerry allait travailler tout l'été, pas de vacances en perspective. Cécilia lui demanda s'ils pourraient emprunter la maison du loch pour deux semaines, Jerry accepta volontiers.

Elsie demanda à son oncle Jerry de jouer du violon, il commença par jouer du classique et à la demande des filles, il changea de répertoire et se mit à jouer des rythmes plus folkloriques. Nina reconnut des pièces irlandaises que son père jouait et elle lui demanda si elle pouvait l'accompagner, il accepta surpris. Elle prit la guitare et le suivit dans ces rythmes captivants qui avaient bercé son enfance. Ils jouèrent jusqu'à ce qu'ils soient fatigués, les doigts trop endoloris pour continuer. Tout le monde les applaudit chaudement. Il était surprenant de les voir jouer si bien ensemble, alors qu'ils affirmaient que c'était la première fois... Selon les dires de Deirdre, les aptitudes de musicienne de Nina étaient innées. Les O'Neil étaient tous des chanteurs et musiciens hors pair. Nina s'empressa d'ajouter que son père avait été un musicien talentueux. Ils avaient passé une excellente soirée, la famille avait été charmée par Nina.

De retour à la maison du loch, il la prit dans ses bras aussitôt la porte refermée. Ils s'embrassèrent passionnément. Il lui dit des mots gaéliques qu'elle ne comprit pas, mais ses gestes parlaient d'eux-mêmes. Taquin, il butinait sa gorge de ses lèvres, tout en la serrant langoureusement, alors qu'elle se cambrait de désir.

— Tu sais que tu es sexy dans cette robe?

— Sexy? Pas de décolleté et en laine en plus! Je ne serais pas surprise que tu me trouves sexy dans un habit de neige!

197

— En fait, je suis certain que oui! J'imagine le plaisir que j'aurais à te le retirer...

— Et c'est toi qui me traites d'obsédée sexuelle!

Il rit doucement. Ils montèrent à l'étage et se rendirent dans leur chambre directement.

— Laisse-moi te retirer ta robe, ma beauté...

Il la déshabilla en déboutonnant le dos de sa robe, elle se retrouva rapidement nue dans ses bras, frissonnante de désir. Il entreprit de se déshabiller hâtivement, elle le regarda attentive et intéressée. Elle aimait le voir nu, il était si beau et si sexy...

Elle ouvrit l'édredon pour s'y glisser, quel plaisir de se retrouver sous la couette au chaud alors qu'on gelait dans la maison. Ils n'eurent pas froid bien longtemps et la couette fut repoussée au pied du lit rapidement pendant qu'ils faisaient l'amour. Jerry la pénétrait doucement, faisant durer le plaisir. Les chevilles de chaque côté de sa tête, elle lui offrait ainsi un tableau excitant de toute sa féminité et il voyait ses seins bouger au rythme de son va-et-vient. Elle avait les yeux fermés et gémissait en lui demandant d'accélérer ce qu'il fit avant de perdre complètement la tête.

Il se leva et fit un feu dans le foyer, rapidement une douce chaleur emplit la pièce. Nina l'accueillit ensuite dans ses bras et ils restèrent longtemps ainsi regardant les flammes. Jerry ne voulait pas qu'elle retourne en Afrique, mais il ne savait pas comment lui dire. Tant pis, il se jeta à l'eau.

— J'aimerais que tu restes avec moi... Ne retourne pas en Afrique...

Nina déconcertée ne répondit pas tout de suite. Puis, elle se dit qu'il méritait qu'elle soit honnête.

— J'ai envie de rester avec toi, mon amour. C'est vrai, je n'ai jamais été aussi amoureuse. Quand je suis dans tes bras, je sais que je suis à ma place, je suis où je dois être... Je t'aime, être séparée de toi me fait souffrir... dit-elle en le regardant dans les yeux. Mais, je ne peux tout quitter comme ça! Je suis en train de réaliser que la vie que je menais avant de te connaître ne sera plus jamais satisfaisante. C'était parfait *avant* de savoir que ce bonheur existait pour moi. Mais j'ai des obligations et je ne peux pas les fuir... Je vais devoir retourner là-bas... et toi tu as ce tournage en Italie. Après ton tournage, je devrais avoir terminé...

— Terminé quoi?

— Terminé de préparer Alex à prendre ma place. Il est un excellent administrateur et Mariama a le projet des cliniques de maternité à cœur autant que moi, sinon plus... Elle a lancé la première clinique avec moi il y a de nombreuses années, elle est tout à fait capable de le faire sans moi. C'est affreux, je me sens comme si j'allais les abandonner... Je suis vraiment déchirée...

Il la serra contre lui et lui murmura des mots doux en gaélique.

— Tu me demandes de t'épouser?

Il rit gravement, elle le surprenait toujours...

— Est-ce que tu veux devenir ma femme? Je n'ai jamais été aussi sérieux de toute ma vie.

Elle le regarda dans les yeux :

— Oui Jerry, je veux être ta femme...

Il était tellement heureux, il la serra dans ses bras puis l'embrassa tendrement. Il se leva et alla fouiller dans la pochette de sa valise. Il revint avec un petit boitier, elle l'ouvrit d'une main tremblante; il s'agissait d'un solitaire. Il le lui passa à l'annuaire, il lui allait à la perfection. Elle retint son souffle, il avait acheté une bague de fiançailles!

— Quand as-tu acheté ça?

— En même temps que le pendentif et les boucles d'oreille... Ma chérie, je sais depuis notre première nuit que tu es la femme de ma vie...

Et il l'embrassa comme lui seul savait le faire. Ils connurent l'extase encore une fois et s'endormirent d'épuisement complètement nus, la chaleur du foyer ayant rendu la chambre caniculaire.

Nina resta avec lui en Écosse deux autres semaines, ils passèrent des moments merveilleux en amoureux et la famille de Jerry fut on ne peut plus heureuse de leurs fiançailles. Deirdre avait tellement hâte de préparer un tel mariage... D'autant plus que Nina était une O'Neil comme elle. Ils inviteraient tout le clan O'Neil de Wicklow en Irlande, les Buchanan, les MacNab, MacNeil, et les Mackenzie... Sans compter tous les amis de la famille... Jerry ne savait que penser, il y aurait au moins huit cents personnes s'il ne l'arrêtait pas... Nina quant à elle, trouvait la situation amusante. Elle n'avait pas beaucoup d'attente face à la réception, n'ayant aucune famille, son cercle d'amis était restreint. Ses exigences : une robe blanche et Jerry à son bras, le reste était sans importance. Le bonheur de toute belle-mère, préparer le mariage de son fils adoré sans aucun obstacle... Jerry n'émit qu'une seule condition.

— Je ne veux pas de journalistes... Tu peux inviter qui tu veux, mais je vous demande la discrétion absolue, je ne veux aucune fuite...

— Pas de problème, mon chéri, les Écossais sont réputés pour leur discrétion...

— Et les Irlandais? Je dirais qu'ils sont plutôt réputés pour leur amour de la bouteille... dit-il se remémorant les mariages de Glenn et Cécilia.

— Et le budget? demanda sa mère.

— Sois raisonnable! On ne va quand même pas dépenser un million pour se marier!

— Non non pas un million... « Ça fixait tout au plus une limite, se dit-elle aux anges. »
J'ai une dernière question, c'est pour quand ce grand jour?

— Je ne sais pas, nous n'en avons pas parlé... Après le tournage sûrement... On débute en Italie pour un mois et ça se poursuit au Canada pendant trois ou quatre mois, il n'y a pas de date de fixée pour la suite... Qu'en penses-tu *muirnin*?

— Je n'en sais rien... on verra après ton tournage...

— Mes chers enfants, j'ai besoin de temps pour préparer tout ça et j'ai besoin d'une date...

— Pourquoi pas en janvier? Fit-il en regardant Nina.

— Le 28 janvier, ce serait super, c'était l'anniversaire de naissance de ma mère...

— Va pour le 28 janvier, dit-il joyeusement.

Encore une fois, le temps avait filé trop rapidement, mais cette fois-ci leurs adieux s'annonçaient calmes et pondérés, sachant pertinemment qu'ils se retrouveraient dans quelques semaines et qu'ils vivraient ensemble pour le reste de leur vie. Jerry serait en Italie pour quatre semaines et Nina lui avait demandé deux mois pour préparer son départ. Ils se verraient le temps d'une escapade en Afrique et il partirait pour le Canada continuer son tournage. Elle viendrait ensuite l'y rejoindre.

Ils prirent un vol nolisé pour Paris, passèrent une nuit à l'Hôtel Georges V. Il s'agissait d'un hôtel superbement luxueux qui ressemblait à un palais royal, où il avait loué la suite présidentielle, mais Nina n'apprécia pas. Elle eut l'impression de dormir dans un musée.

Ils se séparèrent tristement, Jerry prenait un vol pour Rome et Nina pour Niamey au Niger. Quelques semaines avant de se revoir... Nina avait laissé tous les bijoux qu'il lui avait donnés ainsi que les perles de sa mère, en Écosse dans le coffre-fort de la maison du loch. Elle avait eu de la difficulté à le convaincre, il ne voulait pas qu'elle retire la bague, mais elle lui fit comprendre qu'on pourrait la tuer pour ce bijou en Afrique. Il n'avait pas l'air convaincu. En fait, c'est plutôt ce qu'elle venait de lui dire qui le traumatisait, il ne pouvait pas croire qu'il la laissait partir encore une fois. Sa sécurité l'inquiétait grandement et ce n'était pas le vieillard qui lui servait de chauffeur qui pourrait la protéger...

CHAPITRE 15
Niamey
2010

Son retour à la Villa du Soleil fut triste et déprimant. Incapable de dormir, elle appela son amie Carrie.

— Vous allez vous marier? Mon Dieu Nina! C'est merveilleux! Je suis si contente pour toi!

— Il faut rester discret, Jerry ne veut aucune fuite...

— Pas de soucis, nous resterons muets comme des tombes... Tu sais que les journaux à potins racontent qu'il est allé te rejoindre au Niger et que tu seras avec lui en Italie...

— Ils vont être déçus, car je ne serai pas en Italie... Carrie, je ne sais pas si je fais la bonne chose, je me sens si coupable envers Mariama et Alex... Je ne sais pas comment leur dire. De plus, j'ai l'impression de les laisser tomber...

— Ma chérie, il est temps que tu penses à toi... Ils t'aiment, ils ne pourront faire autrement qu'être heureux pour toi... Nina, tu vas épouser Jerry, tu vas enfin vivre *ta* vie!   Tu es seule depuis tellement longtemps, c'est assez! Tu as le droit au bonheur comme tout le monde! Toi aussi tu vas l'avoir ta petite famille, ma chérie! Jerry est un homme de principe, c'est un homme droit, un peu vieux jeu même...

— Vieux jeu? Je ne dirais pas ça... elle pensait à leurs relations charnelles avec un frisson de plaisir.

— Pas dans ce sens-là chérie... Dans le sens où la famille est ce qu'il y a de plus important et son épouse doit être toute sa vie... Je l'imagine en kilt, en train de t'attendre à l'église de son patelin entouré de tout son clan...

— Tu n'es pas loin de la vérité, en fait sa mère veut inviter... Ah c'est vrai! je ne t'ai pas raconté...

Elle lui raconta ce que la mère de Jerry lui avait dévoilé sur sa mère, les photos d'elle et Jerry...

— Seigneur! Chérie, c'est tellement incroyable! C'est véritablement ton âme sœur, vous étiez liés avant même de vous connaitre...

Elles discutèrent encore de longues minutes, et cette conversation fit le plus grand bien à Nina. Avec Carrie, elle remettait les choses en perspective. Tranquillement, elle reprendrait ses fonctions à l'hôpital tout en leur faisant part de son projet de mariage et de retraite... Elle savait que le sentiment de culpabilité serait inévitable, mais qu'elle n'aurait qu'à penser à Jerry, cela lui donnerait la force de continuer.

Le lendemain, elle se rendit à l'hôpital, Alex était dans son bureau et se leva prestement lorsqu'il l'aperçut :

— Nina! Je suis content de te voir, tu nous as manqué... nous ne sommes pas habitués que tu partes coup sur coup comme ça... Tu es de retour pour de bon, j'espère...

— En fait, je ne sais pas trop comment te dire ça... elle était incapable de lui mentir ou de faire semblant, elle décida de se jeter à l'eau.

Il écouta attentivement, s'attendant à ce qu'elle allait lui dire.

— Jerry et moi allons nous marier, je vais aller vivre avec lui...

— Quand?

— Dans quelques mois, je ne vais pas tout laisser tomber comme cela...

Il ne dit rien, s'abstenant de commentaires. Il ne voulait pas la blesser et pour cela, il devait peser ses mots.

— Je dois aller au bloc opératoire, on s'en reparle d'accord?

Il lui sourit et lui donna une tape amicale sur l'épaule avant de sortir. Nina ne savait quoi penser de son attitude. Elle alla s'installer à son bureau et se plongea dans ses dossiers. Une mise à jour des comptes de la fondation s'imposait, son nom et celui de Carrie y figuraient et il faudrait qu'elle ajoute Alex et Mariama. Ils avaient amassé plus de deux millions de dollars depuis le soir du tapis rouge, suite à l'affaire Jerry Buchanan et la conférence de presse. Elle n'en revenait pas. Jerry lui avait dit que s'ils en faisaient un film cela rapporterait beaucoup d'argent et ils pourraient ainsi réaliser tous leurs projets.

L'hôpital de l'Espoir était devenu une véritable entreprise et faisait travailler plusieurs centaines de personnes de la région. La machine pouvait maintenant fonctionner sans elle. Il y avait suffisamment de médecins pour combler les quarts de travail. Alex avait deux comparses chirurgiens et un troisième avait manifesté son intérêt. Ils avaient plusieurs médecins nigériens qui venaient faire les gardes en plus de pratiquer dans leur clinique privée située dans la capitale. Sans compter les sages-femmes, infirmières, aides-soignantes et autres employés... Elle sentait qu'elle devait boucler la boucle, elle avait besoin de vivre autre chose. Son bonheur était maintenant ailleurs. Elle leva les yeux, Mariama se tenait en face d'elle.

— Tu vas te marier avec ton beau Jerry?

Alex n'avait pas perdu de temps...

— Oui...

— Ça, c'est toute une nouvelle! Elle s'assit bruyamment sur le fauteuil de l'autre côté du bureau de Nina. Je n'en reviens pas, il y a plus d'un mois tu chialais, car tu devais aller à Los Angeles pour lancer la fondation et tu en es revenue presque trois semaines plus tard amoureuse. Deux semaines après, on le voit atterrir ici et te voilà repartie aussitôt! Et là, tu nous reviens fiancée!!! Avoue qu'il y a de quoi à être sous le choc, moi qui te connais depuis des années! As-tu perdu la tête?

— As-tu le temps d'aller prendre une bouchée? J'en ai long à te raconter...

Elles sortirent et allèrent faire une longue promenade pour se rendre au restaurant du seul hôtel des environs. Nina lui raconta Jerry, leur amour, l'Écosse, l'histoire de sa mère et sa demande en mariage... Mariama l'écouta avec enthousiaste.

— Nina, mon amie, tu mérites d'être heureuse, n'en doute jamais. Tu as tant donné... Tu as accompli des choses formidables dans ce pays. Tu as le droit de vouloir tirer ta révérence...

— Alex lui ne semble pas penser la même chose que toi...

— Il t'aime et il a peur pour toi. Il ne connait pas votre histoire et il craint que Jerry ne soit pas sérieux. C'est juste son instinct protecteur et il est maladroit pour te le dire, c'est tout.

— Je veux continuer à travailler pour la fondation, mais à distance... J'ai fait le compte tantôt, nous avons amassé plus de deux millions de dollars américains...

— C'est vrai? s'écria Mariama stupéfaite. Il ne faut pas l'ébruiter...

Ils étaient toujours à l'affut des escrocs et des voleurs. Ils ne faisaient confiance à personne, mis à part leur trio...

Nina repoussa son assiette, car une soudaine nausée la prit au dépourvu. Elle mit ça sur le compte de la nourriture, elle avait été absente longtemps, son corps avait perdu l'habitude. Elles retournèrent à l'hôpital discutant comme les vieilles amies qu'elles étaient. Nina lui dit qu'elle devrait continuer le projet des cliniques de maternité, mais sans elle. Mariama en fut attristée, mais l'argent amassé lui donnait des ailes et elle imagina ce qu'ils pourraient en faire...

Ce soir-là, elle téléphona à Jerry qui lui parla de sa première journée de plateau. Rome était une belle ville, mais ils étaient en pleine saison touristique sans parler de la canicule. Son séjour s'annonçait pénible. Elle lui parla de la réaction positive de Mariama et du mutisme déconcertant d'Alex. Jerry se dit qu'il devrait avoir une conversation avec Alex pour le rassurer sur ses intentions. Nina était morte de fatigue et s'endormit presque pendant qu'il lui parlait. Il rit de la situation et lui souhaita bonne nuit.

Le lendemain, elle vomit à son réveil et la nausée ne la quitta plus. Elle était incapable de manger, la viande la répugnait et toutes les odeurs de cuisson ou d'épices la faisaient vomir. Étonnamment, la diarrhée ne venait pas. Aussitôt qu'elle ingurgitait de la nourriture solide, elle sentait la salive lui emplir la bouche puis le spasme dans son estomac et elle devait courir à la toilette. Elle se dit que ce devrait être une gastrite... Tous les soirs, elle s'endormait tout de suite après avoir parlé avec son amour et elle se réveillait immanquablement avec la nausée.

Cela faisait plus de deux semaines qu'elle ne s'alimentait plus que par des biscuits secs et de l'eau, quand Alex entrant dans son bureau lui dit :

— Nina! Qu'est-ce que tu attends pour faire un test de grossesse?

Elle le regarda comme s'il était cinglé.

— Un test de grossesse pour quoi faire?

— Voyons! Es-tu la seule qui n'a pas *compris?*

— Quoi? Mais je ne peux pas être enceinte, c'est toi-même qui me l'as dit après avoir fait retirer mon kyste ovarien! J'ai les trompes bouchées à cause de la salpingite que j'ai eue suite à l'accouchement...

— Ça ne serait pas ma première erreur de diagnostic!

— Mon Dieu! Tu penses que je suis enceinte?

Elle s'assit la main sur la bouche... puis elle toucha son ventre. Elle le regarda pleine d'espoir... Alex comprit à ce moment précis qu'il avait perdu contre ce Jerry. Il allait amener sa belle Nina loin, lui ferait de beaux petits bébés et elle serait heureuse comme jamais elle ne l'avait été. Il le voyait dans ses yeux tandis qu'elle se caressait l'abdomen : elle voulait porter son enfant.

— Il faut que tu fasses un test de grossesse et nous verrons ensuite. Tu ne peux pas continuer à ne pas te nourrir...

Elle se leva brusquement, alla chercher un test urinaire puis se dirigea vers les toilettes. Ses mains tremblaient pendant qu'elle urinait sur la bande. Elle attendit, fébrile, le test sur le comptoir, le cœur au bord des lèvres. Elle ne put se retenir de vomir dans la cuvette, maudite nausée. Elle revint au comptoir et regarda les deux petites barres : positif. La terre arrêta de tourner, et elle dut s'asseoir. Elle eut une vision de Jerry, se revit faisant l'amour avec lui, la bague, son sourire... Elle était enceinte! Elle n'avait jamais cru que ce serait possible à nouveau, jamais cela n'avait effleuré son esprit... Et Jerry, il ne lui avait jamais dit s'il désirait des enfants... Là maintenant si vite... Serait-il content de l'apprendre? Elle retourna vomir.

Elle se nettoya le visage avec de l'eau et se ressaisit. Elle sortit la tête haute. Elle devait parler à Mariama. Elle la trouva à l'étage de maternité. Mariama occupait maintenant un poste de gestion et s'occupait des ressources humaines tout étant responsable de la qualité des soins. Quand elle vit Nina, elle comprit. Alex et elle croyaient vraiment qu'elle était enceinte et il avait craqué ce matin... Elle la suivit dans son bureau et referma la porte prestement.

— As-tu fait un test?

— Il est positif...

— Es-tu contente?

— Oui, elle la regarda puis elle mit la main sur son ventre d'un geste protecteur. Je ne sais pas comment Jerry va réagir, je ne peux pas lui dire au téléphone...

— Tu lui diras en personne, c'est tout. Et il en sera heureux lui aussi. Nina… il veut que tu sois sa femme, il veut aussi que tu sois la mère de ses enfants! Tu es censée aller le rencontrer en Italie n'est-ce pas?

— Oui...

— Je ne crois pas que ce sera possible, il va te falloir un plan B.

— Pourquoi?

— Depuis l'attentat à Milan il y a quelques mois, il semble que certains des hommes arrêtés venaient du Niger. Je ne pense pas que tu vas pouvoir y aller facilement avec ton passeport vu que tu vis ici depuis des années...

De retour à la Villa, elle téléphona à Jerry. Après discussion, il décida qu'il allait venir passer quelques jours avec elle avant de partir pour le Canada. Elle l'attendait dans un peu plus de deux semaines, et elle se demandait toujours comment elle allait lui annoncer sa grossesse. Elle espérait qu'elle se sentirait moins misérable lors de sa visite.

Quelques jours plus tard, il lui dit qu'il n'avait pas réussi à obtenir un visa pour venir au Niger. L'ambassade le lui avait refusé. Il était en colère et Nina ne savait pas quoi lui dire. Elle tenta de le rassurer en lui disant que c'était parfois comme ça et qu'ils n'y pouvaient rien. Elle maintenait son plan d'aller le rejoindre dans un mois au Canada et si elle avait un problème quelconque, elle retournerait aux États-Unis où elle n'aurait aucun problème avec son passeport américain. Elle avait la citoyenneté américaine depuis des années et elle était une citoyenne canadienne de naissance.

Ils se parlèrent tous les jours malgré tout. Nina se morfondait de ne pouvoir lui annoncer la nouvelle; si ça continuait comme ça, elle n'aurait pas besoin de lui dire, il le *verrait*. Jerry quant à lui souffrait d'être séparé d'elle, ses sourires lui manquaient, toute sa vie semblait sans intérêt sans elle. Un mois passa, Nina était toujours aussi nauséeuse, mais elle se forçait à manger des petites portions sans épices, sans oignon, sans ail...

Elle avait déjà son billet pour Paris et elle devait faire sa réservation sur un vol pour Montréal. Mariama était dans son bureau.

— Tu n'es pas au courant? Dans le nord du pays, il y a encore des soulèvements à cause des élections imminentes. Ils ont fait sortir tous les ressortissants étrangers et le pays est maintenant fermé aux frontières. Ici, il ne se passe pas grand-chose, mais ça ne saurait tarder... Tant qu'il n'y aura pas d'élection, les autorités seront sur les dents. Le président a décrété qu'aucun avion ne quitterait le pays jusqu'à nouvel ordre. Je viens de l'apprendre...

Alex vint les rejoindre, Nina pleurait. Elle se sentait prise au piège : ça faisait trois fois qu'ils tentaient de se voir et encore une fois leur plan était déjoué...

— Calme-toi, belle enfant... lui dit-il tendrement.

— Ça ne va pas durer, ce n'est pas la première fois. Rappelle-toi aux dernières élections, nous avions été coupés du reste du monde pendant trois mois, dit Mariama.

— Trois mois... Mais je n'en peux plus... J'ai besoin de le voir, de lui dire que je suis enceinte...

— Si tu n'étais pas enceinte, je te dirais de partir avec Lionel, il pourrait t'amener dans son hélicoptère jusqu'à Cotonou au Bénin, affirma Mariama.

Lionel était le bel américain avec qui Nina avait eu une relation. Tout compte fait, ce n'était pas une mauvaise idée...

— Mais tu es faible, tu ne t'alimentes pas, tu maigris et tu es enceinte. Je t'interdis de faire ça. C'est dangereux! Tu dois rester ici, tu es en sécurité et c'est ce que Jerry te dirait, rajouta Mariama.

Elle prit le téléphone et demanda son numéro à Nina.

— Je ne sais pas s'il va répondre, il travaille...

Mariama composa le numéro et attendit. Nina avait le cœur qui battait la chamade et ses oreilles bourdonnaient. Elle se sentait vraiment mal. Mariama lui passa le combiné.

— Jerry? dit Nina le cœur affolé. Il n'y a plus aucun avion qui décolle du Niger.

Jerry sentit son cœur s'arrêter, il s'éloigna des gens qui l'entouraient et s'isola pour mieux entendre.

— Pourquoi?

— Il va y avoir des élections dans un mois et il y a eu des soulèvements dans le nord du pays. Ils ont fait ressortir tous les

217

étrangers du pays il y a quelques jours et les frontières sont fermées. Aucun avion ne va décoller dans les prochains jours.

— Cela risque de durer combien de temps?

— Je ne sais pas. Lors des dernières élections, cela a duré trois mois...

— Vous êtes en danger?

— Non, nous sommes au sud et il n'y a aucune manifestation de violence pour le moment. Nous sommes déjà passés par là. La seule chose, c'est que personne n'entre et personne ne sort du pays.

— Je t'aime *muirnin*... Je prends un avion sur l'heure.

— Tu ne pourras pas, il n'y a aucun avion...

Alex lui retira le téléphone des mains.

— Jerry, c'est Alex. Je ne sais pas comment tout ça peut tourner, on ne sait jamais... Je n'aime pas ce que j'ai entendu, la violence monte ici... Tu dois venir la chercher de toute urgence. Je peux l'amener à la frontière du Bénin plus précisément à Gaya. Il y a un pont qui traverse le fleuve Niger à cet endroit. À l'aéroport de Cotonou au Bénin, tu trouveras un Américain. Un pilote d'hélicoptère, il s'appelle Lionel Carter. Il connait Nina et il ferait n'importe quoi pour elle. Il va t'aider.   Et.... il hésita, elle porte ton enfant.

Alex voulait l'interpeller dans ses tripes afin qu'il vienne la chercher coûte que coûte... Nina le regarda d'un air horrifié. Elle avait la gorge nouée de peur.

Jerry sentit son cœur faire un bond, elle était enceinte! Sa Nina allait avoir un enfant, son enfant...   Il eut les larmes aux yeux et sentit l'émotion monter en lui.

— Merci Alex. J'ai compris. Je vais venir la chercher au prix de ma vie s'il le faut. Passe-la-moi s'il te plait.

Alex était satisfait de sa réponse et lui passa Nina.

— Nina, ma chérie, écoute Alex, je t'en prie! Je vais venir te chercher, je te le promets. Tu es *enceinte*? Comment vas-tu? lui dit-il d'une voix soudainement plus douce.

— J'ai toujours la nausée, c'est difficile... J'ai peur, Jerry... Je ne veux pas qu'il t'arrive quelque chose... Je t'aime...

— Je t'aime aussi, ne t'inquiète pas pour moi mon amour, je suis assez grand pour faire attention à moi. Je te rappelle dès que je sais quand j'arrive.

— Attends Jerry, Alex veut te parler...

— Je te donne des numéros de cellulaires, il y en a trois. Pour nous joindre, essaie le premier si ça ne marche pas, essaie le deuxième et le troisième c'est celui de Lionel. Il va t'attendre à l'aéroport de Cotonou. Ne tarde pas, je dois sortir Nina d'ici absolument, nous serons à la frontière dans 12 heures. Bonne chance!

CHAPITRE 16
Niamey, Niger
2010

Nina ne comprenait pas Alex. Pourquoi cette intervention pour impliquer Jerry? Elle lui demanda des explications, mais il refusa de donner plus de détails. En vérité, il craignait un enlèvement. Un groupe de rebelles qui voulait profiter des élections pour tenter de prendre le pouvoir était à la recherche de beaucoup d'argent et Nina était la cible parfaite. Elle était connue dans le pays, ils la croyaient riche et dans les tabloïds américains on parlait de sa relation avec Jerry Buchanan... Lionel lui avait parlé des rumeurs qu'il avait entendues. Alex ne voulait prendre aucun risque, et il était hors de question qu'il en parle à Nina. Elle n'avait pas besoin de revivre le cauchemar... En fait, c'était une chance qu'elle ait rencontré ce Jerry qui l'aimait, il l'amènerait loin d'ici.

Dès qu'il sortit du bureau de Nina, la sonnerie de son cellulaire retentit. C'était Jerry.

— Alex, dis-moi tout ce que tu sais...

Il avait saisi que ce dernier n'avait pas tout dit devant Nina. Il blêmit en entendant ce qu'Alex avait appris. Il comprit également que le Lionel en question avait été l'amant de Nina, il repoussa le sentiment de jalousie qu'il sentit monter en lui. Il remercia Alex de son aide et lui demanda de veiller sur elle jusqu'à son arrivée.

Jerry eut une vive discussion avec son agent Andy dans la roulotte qui lui servait de loge. Ce dernier ne saisit pas tout de suite ce que Jerry s'apprêtait à faire. Il lui demandait de négocier avec le réalisateur du film, car il allait quitter le tournage sur-le-champ, ne sachant pas quand il allait revenir...

Il appela ensuite Ethan pour lui expliquer la situation et lui demander conseil. Ce dernier lui dit de prendre un vol pour Washington immédiatement afin de se rendre à l'ambassade du Bénin. Il devait obtenir un visa de toute urgence. Il lui donna le numéro personnel du secrétaire aux Nations Unies car, si problème il y avait, il pourrait intervenir. Par chance, Ethan se trouvait à Washington et son jet était à l'aéroport international, il n'avait qu'un coup de fil à passer afin de le faire préparer pour Jerry.

Six heures plus tard, quelque part au-dessus de l'Atlantique, ses pensées étaient tournées vers une seule chose : Nina. « Elle porte ton enfant ». Il entendait encore la voix d'Alex et n'en revenait toujours pas. Elle lui avait pourtant dit qu'elle n'était pas fertile... Il ne savait pas du tout ce qui l'attendait, mais le désir de la protéger l'emportait sur toutes ses craintes. Il la ramènerait avec lui et ce serait fini l'Afrique. Elle resterait avec lui, ils se marieraient et auraient un beau bébé.

Il se versa un verre de whisky et le but d'un trait. Il allait peut-être devoir se battre physiquement, lui qui avait suivi nombre d'entrainements pour des scènes de combat sans jamais s'être réellement battu. Il sourit à cette idée, se sentant d'humeur belliqueuse. Il avait toujours été quelqu'un de pacifique et diplomate. Pourtant, à l'instant même, il sentait une violence croître en lui. Cela devait être ses racines de guerrier écossais qu'il sentait dans les fibres de son corps.

Dès que l'avion s'immobilisa à l'aéroport de Cotonou, il appela le numéro du cellulaire d'Alex. Ils étaient à Gaya, une ville tout près de la frontière, dans les quartiers de Lionel. Il lui demanda de parler à Nina.

— Nina, ma chérie... ça va?

— Jerry, je suis si contente d'entendre ta voix. Écoute-moi, je ne suis pas certaine que ce soit une bonne idée…

Il sentit son cœur se serrer, car il percevait la peur dans sa voix. Il aurait tant aimé pouvoir la prendre dans ses bras pour la rassurer.

— Dans quelques heures, nous serons réunis, patience... Je t'aime. N'aie pas peur, tout va bien se passer.

— Je t'aime aussi...

Il appela ensuite le fameux Lionel qui vint le rejoindre à la sortie de l'avion immobilisée tout près d'un hangar. Jerry dut passer au contrôle des douaniers pendant que Lionel attendait. Les deux pilotes du jet attendraient patiemment leur retour, deux jours étaient pressentis pour mener à bien cette périlleuse mission. Le Bénin était un pays stable politiquement, c'est pourquoi Alex et Lionel avaient choisi d'y faire passer Nina.

Stupéfait, Jerry observa Lionel Carter s'approcher. Il était grand, athlétique et d'une beauté surprenante. Sa peau couleur café contrastait avec ses yeux bleus perçants. Jerry ne put dire s'il s'agissait de ses yeux, la couleur de sa peau ou le mélange des deux qui le surprirent le plus. Toujours est-il qu'il était resté muet et Lionel qui lui tendait la main depuis quelques secondes déjà, la retira insulté.

— OK, ça va, je sais que tu me détestes déjà... Ne t'en fais pas, je ne t'aime pas non plus. Je te regarde avec ta barbe négligée et je me demande bien ce qu'elle peut te trouver sale Highlander!

Jerry fut déconcerté par cette entrée en matière agressive.

— OK, dit-il à son tour, on n'est pas obligé de s'aimer, mais je suis ici dans un seul but : sauver Nina des sales emmerdeurs qui veulent l'enlever et lui faire du mal... Alex m'a dit que tu es prêt à m'aider?

Lionel se radoucit.

— D'accord, dit-il en soupirant. Suis-moi, on va prendre mon hélico...

— Je peux te payer...

— Non! Je ne veux pas d'argent. Tout ce que je veux, c'est la sortir de là autant que toi. Si, peut-être en y pensant, que ton argent pourrait être utile...

Il l'amena loin de la piste d'atterrissage où se trouvait son hélico, sa « bête » comme il l'appelait. Il n'en était pas peu fier... Il sortit une vieille carte routière et lui montra la route qui traversait le pays jusqu'à la frontière du Niger. Il lui indiqua une bourgade qui s'appelait Malanville située juste avant le pont. C'est là qu'ils laisseraient l'hélico, car voler au-delà serait du suicide. Ils devraient faire le reste du trajet en camionnette. Gaya se trouvait de l'autre côté du pont. Alex et Nina les y attendraient.

Lionel lui parla de ses craintes face à la milice qui surveillait la frontière. Les militaires avaient eu l'ordre de ne laisser personne entrer ou sortir du pays. Il y avait un barrage sur le pont tandis que de l'autre côté, s'amassait une foule mécontente d'être retenue prisonnière. Lionel avait parlé avec quelqu'un de Gaya ce matin, en temps normal c'était de l'aéroport de Gaya qu'il transigeait. Il semble qu'ils tiraient à bout portant tous les malheureux qui tentaient de passer par le fleuve...

Donc, aucune fuite possible par les airs, ni par l'eau, ni par la terre. Jerry essayait d'imaginer tous les scénarios possibles. En dernier recours, il pourrait soudoyer quelqu'un afin de passer de l'autre côté afin d'être avec elle...

— Tu ne pourras pas passer, n'y pense même pas! Ils te tueraient. Avec Alex, on a imaginé un plan, mais ce n'est pas sans risque... Nous n'avons pas le choix, la nuit dernière, ils se sont introduits à la Villa du Soleil et ils ont tout saccagé... Heureusement, Joseph et Christiane avaient quitté les lieux avant leur arrivée... Ils la cherchent...

Jerry sentit son estomac se serrer, comme s'il avait reçu un coup de poing. Non, non! Il revit l'image de Nina descendant de l'avion à son retour de Colombie et il pensa à Sophia... Brusquement, il partit marcher quelques pas, serrant les poings et la mâchoire, avant de revenir vers Lionel. Ce dernier pouvait sentir sa rage. Il avait l'air d'un lion en furie. Lionel connaissait bien les lions, ces animaux étaient sauvages, imprévisibles et vraiment dangereux. Personne n'osait s'en approcher. Il ressentait la même chose devant ce colosse enragé.

— Viens, du calme, je vais t'expliquer notre plan...

La ballade en hélicoptère parut interminable, mais ils arrivèrent à destination avant la fin de la journée. Lionel avait donné une casquette à Jerry. Il aurait préféré lui prêter des vêtements, mais Jerry avait une carrure d'épaule telle, que rien ne lui faisait... Au moins avec la barbe et la casquette il paraissait moins *propre*.

Lionel semblait connaitre tout le monde et s'exprimait dans un français impeccable. Il avait immobilisé son hélico en plein milieu de bicoques au toit de paille parmi le bétail qui mangeait des brins d'herbe on ne peut plus rare. Il s'agissait de bœufs blancs très maigres avec de longues cornes, Jerry n'avait jamais vu rien de semblable.

Jerry lui demanda comment il comptait faire le plein de kérosène et Lionel lui répondit par un sourire des plus éclatants. Jerry n'insista pas, cet américain ne manquait pas de ressource et il n'avait pas le choix de lui faire confiance. Ils marchèrent jusqu'à la route où une vieille camionnette était garée. Ils étaient à plusieurs kilomètres de Malanville. Lionel franchit la ville, jusqu'au pont qui traversait le fleuve Niger. Déterminé, il poursuivit sa route sur le pont. Les curieux se tassèrent pour le laisser passer. Il s'immobilisa à environ dix mètres du barrage et dit à Jerry de ne pas bouger. Il sortit de la camionnette, s'alluma une cigarette et avança nonchalamment jusqu'aux hommes en uniforme militaire armés jusqu'aux dents. Jerry dut bien admettre qu'il admirait son courage et sa force de caractère.

— Eh! Salut les mecs! Cigarettes?

Il en offrit à chacun des trois hommes qui montaient la garde et en profita pour jeter un regard derrière le barrage qu'ils avaient érigé à l'aide de quatre Jeeps militaires. Le pont était libre et une clôture retenait la foule de l'autre côté. D'autres militaires étaient postés à l'entrée du pont et il en vit plusieurs le long du fleuve de chaque côté.

— Roger n'est pas avec vous?

— Oui, il est allé se soulager, tiens le voilà qui revient.

Lionel le vit qui traversait la clôture et remontait sur le pont. Il le connaissait bien. Il avait eu souvent affaire à lui pour différentes affaires. Roger Sabatier était un lieutenant qui aimait beaucoup le whisky et les cartes... Lionel excellait aux cartes et buvait peu...

— Roger! Comment vas-tu?

Ce dernier fut heureux de le voir, il l'aimait bien ce jeune américain. Lionel rimait avec partie de cartes et alcool, ce qui pour Roger était le plaisir absolu dans cette existence parfois si pénible. Lionel était drôle et plein de ressources, il pouvait trouver n'importe quoi, tu n'avais qu'à demander et il te le ramenait. Il se promenait dans plusieurs pays avec sa « bête » et il avait de nombreuses histoires de femmes à raconter.

— Lionel! Il lui serra la main chaleureusement. Que fais-tu ici?

— Je ne peux pas voler avec ma « bête », vous me l'avez interdit, mais je dois tout de même gagner ma vie...

— Nous ne pouvons pas te laisser passer... Désolé.

Lionel lui mit la main sur l'épaule et le fit marcher avec lui en tournant le dos aux autres.

— Non, je sais. Ce que je te demande c'est de me laisser prendre des caisses dans un camion de l'autre côté et les mettre dans ma camionnette de ce côté...

— Qu'est-ce qu'il y a dans ces caisses?

— Si je te le dis, je devrai t'éliminer! Lui dit Lionel avec un sourire.

Roger rit de sa blague.

— Et qu'est-ce que j'y gagne?

— Viens voir. Je vais te montrer.

Ils s'approchèrent, Jerry ne bougea pas d'un poil. Lionel souleva une bâche derrière la camionnette et lui montra une caisse de Single Malt Scotch Whisky. Pour Roger, c'était de l'or véritable... Il lui donna une bouteille et lui dit qu'il lui donnerait le reste de la caisse s'ils les laissaient prendre les deux caissons de l'autre côté du pont.

Roger prit la bouteille en se demandant ce que Lionel voulait passer de l'autre côté qui valait ce prix-là...

— Une seule condition, lui dit Lionel.

C'était lui qui demandait un service, mais voilà qu'il mettait une condition... Lionel connaissait l'alcoolisme de Roger et il savait que l'appât du gain serait le plus fort. Surtout s'il en buvait comme il s'apprêtait à le faire. Roger ouvrit la bouteille et en prit une rasade, il ferma les yeux de plaisir. Il était amateur de whisky et les Écossais faisaient le meilleur qui soit. Il en avait bu une fois sous la tente du général de l'armée et il n'avait pas oublié ce goût sublime. En Afrique, aucun alcool n'avait cette finesse, cet arôme. Pas même le Jack Daniels que Lionel avait l'habitude de lui amener.

— Quelle condition?

— Cette nuit, tu laisses Étienne approcher le camion sur le pont de l'autre côté, et nous transporterons les caisses dans cette camionnette et vous ne regarderez pas dans les caisses. Nous te donnerons ton whisky et nous repartirons.

Roger réfléchissait tout en prenant une autre gorgée.

— Quand le soleil se couchera, viens jouer aux cartes et amène une autre bouteille. On le fera plus tard dans la nuit...

— D'accord, à plus!

Lionel, soulagé, revint dans la camionnette et repartit en trombe. Jerry était content du jeu de Lionel, il était resté d'un calme olympien.

— Tu m'impressionnes! Tu es resté si calme et si sûr de toi. En fait, t'es un sacré acteur!

— Si ce n'était pas de ton accent impossible de highlander, tu aurais pu le faire. Mais c'est vrai, tu ne parles pas français, se moqua-t-il.

— Décidément, tu aimes me provoquer, dit Jerry d'un air narquois. Tu vas vraiment retourner jouer aux cartes?

— Oui! Il ne faut pas éveiller les soupçons, tu joueras toi aussi. Ils ne comprennent rien à l'anglais, ils ne pourront pas faire le lien avec Jerry Buchanan... Finalement, c'est vraiment bien cette barbe, on ne te reconnait pas... Et j'imagine que tu tolères assez bien le whisky...

Jerry eut un sourire en coin.

— Peut-on lui parler? Est-elle ici?

— Oui, ils sont dans un hangar de l'aéroport tout près. Je connais très bien cet endroit, car c'est là que je laisse toujours ma bête.

— Pourquoi ai-je l'impression que tu es un escroc?

— Parce que je sais transformer la vérité? Je ne suis pas un escroc, continua Lionel, mais je suis habitué à jouer le jeu, car parfois ma vie peut en dépendre... Je dois être capable de les manipuler si je veux rester vivant.　Je ne suis pas un menteur, tu devrais en parler à ta femme, elle me connait bien...

Jerry lui jeta un regard assassin et Lionel comprit la mise en garde.

— De toute façon, arrête de t'en faire, elle ne m'aime pas. Il y a trois ans, elle m'a brisé le cœur. Aucune femme n'y était parvenue avant elle... Elle t'aime, Alex me l'a dit, vous allez vous marier à ce qui parait? Elle est enceinte aussi à ce que j'ai pu comprendre...

Il se tourna vers Jerry et lui dit très sérieusement :
— Épouse-la, fais-lui des bébés et empêche-la de revenir ici. Elle mérite vraiment le bonheur cette femme-là...

— Là, je suis d'accord avec toi...

Lionel conduisit la camionnette à leur point de départ. Il s'assura que personne ne les avait suivis. Ils durent remplir l'hélicoptère de kérosène à partir de barils qui étaient cachés dans une des bicoques, et ce, à l'aide d'une pompe manuelle. Jerry était en sueur, il faisait si chaud. Le cellulaire de Lionel sonna, c'était Nina. Elle parlait très vite, elle était très en colère. Elle avait appris le saccage de la Villa du Soleil et avait compris qu'elle en était la cible. Elle voulait qu'Alex quitte le pays lui aussi, certaine qu'il était le prochain en liste. Mais Alex refusait catégoriquement.

— Calme-toi, ma belle...

Jerry réagit aussitôt et lui arracha le cellulaire des mains.

— Nina, qu'est-ce qu'il y a? dit-il le cœur battant.

— Alex ne veut rien entendre, il est hors de question qu'il reste ici. Il est en danger lui aussi. Je ne partirai pas s'il ne part pas.

Jerry lâcha un grand soupir. Quand elle avait une idée en tête... Lionel lui demanda de lui passer le téléphone.

— Lionel a peut-être un plan...

Lionel réussit à le convaincre de rester avec lui de ce côté de la frontière le temps nécessaire et il retournerait à Niamey à la fin des hostilités. Nina avait raison, il ne pouvait risquer sa vie. Lionel élabora un plan rapidement pour le faire passer lui aussi. Il les appellerait au moment opportun afin qu'ils approchent le camion avec sa précieuse cargaison. La nuit tombait, ils repartirent en direction du pont. En chemin, Lionel fit monter un Français qui se nommait Antoine, ce dernier voulait passer au Niger afin d'y rejoindre sa femme. Il prendrait la place d'Alex subtilement pendant le transfert de cargaisons.

Ils se dirigèrent sur le pont, et Lionel immobilisa le véhicule tout près du barrage. Il sortit pour aller à la rencontre de Roger. Ce dernier était nerveux, il n'était plus question de cartes et de beuverie.

— Si tu veux faire ta livraison c'est maintenant ou jamais! Et ce sera la seule fois, je t'avertis. J'ai reçu des ordres et le contrôle va se resserrer, ils envoient une autre équipe. Appelle ton pote tout de suite.

Lionel revint rapidement à la camionnette, Jerry sortit précipitamment.

— Reste dans le véhicule… Il faut faire l'échange tout de suite!

Il appela Alex sur le champ.

Nina répugnait à l'idée d'entrer dans le fond de la caisse. L'espace était tellement restreint, mais heureusement, ce ne serait pas long. Joseph avait construit deux caisses à faux fond avec des planches. Ils avaient vidé toute la réserve de bouteilles de vin, champagne, liqueurs, alcool, bref, tout ce qu'ils avaient trouvé à la Villa en plus d'articles divers. Elle en avait profité pour prendre quelques effets personnels.

Elle grimpa dans la caisse, Alex referma le fond et remplit la caisse de bouteilles et articles de toutes sortes. Dans l'autre caisse, il mit la valise de Nina et fit la même chose pour le dessus. Étienne, un ami de Lionel conduisait tandis qu'Alex demeura discret côté passager.

Ils avaient quelques kilomètres à parcourir jusqu'au pont. Ils les laissèrent passer sans trop de discussion, car ils connaissaient bien Étienne. Étienne stoppa le véhicule à l'endroit qu'on leur signala. Il faisait nuit noire et les phares du camion étaient la seule source de lumière. Ils sortirent du véhicule et allèrent rejoindre Lionel et Jerry quelques mètres plus loin. Soudain, des jeeps surgirent et ils furent entourés de soldats.

CHAPITRE 17

Niamey, Niger

Mariama était inquiète, car la Villa du Soleil avait été visitée. Selon Joseph, tous les objets de grande valeur avaient été volés. À son avis, ils avaient manqué de temps, car normalement ils auraient fait maison nette… Elle espérait que la fuite de Nina serait un succès, elle ne pouvait que prier pour que tout se passe bien. Elle s'était installée dans le bureau de Nina afin d'avoir la main haute sur le fonctionnement de l'hôpital. Vers midi, Sabine la secrétaire accourut dans son bureau.

— Mme Mariama! Il y a des militaires dans l'entrée en bas. C'est le colonel Gorel, il vient chercher Dr Grace…

Mariama sentit son cœur se glacer. Elle se leva et suivit Sabine calmement. Elle vit le colonel qui s'avançait vers elle d'un pas décidé, il était suivi par quatre de ses hommes armés jusqu'aux dents.

— Je dois voir la Dre Grace! Conduisez-moi à elle!

— Mon colonel… elle n'est pas ici. Elle est partie pour les États-Unis il y a quelques jours…

— Allons, allons, ne me prenez pas pour un imbécile! vociféra-t-il. Je fais surveiller l'aéroport depuis des semaines… Je sais qu'elle n'a pas quitté le pays…

Il se saisit de Mariama en lui tordant le bras, elle retint un cri.

— Dis-moi tout de suite où elle est… gronda-t-il. Sinon tes amis docteurs ne pourront plus rien pour toi…

Il la serra plus fort et sortit une arme qu'il pointa sur sa tempe. Il empestait l'alcool et postillonnait en lui criant au visage.

— Réponds-moi et ne t'avise pas de me mentir!

Il la força à s'agenouiller et lui mit le canon à la base du crâne. Elle sentit le froid de l'acier et ses cheveux se raidirent sur sa tête. Franklin Gorel savait qu'ils étaient inséparables : la docteure américaine, le toubib canadien et cette sale Béninoise…

— Tu n'as pas peur de mourir à ce que je vois…

Il tira sur Sabine à bout portant et elle s'effondra dans un fracas retentissant. La balle avait transpercé sa jambe et elle hurlait de douleur.

— Allez me chercher des enfants, cria-t-il… Elle va parler…

.

CHAPITRE 18

Niamey, Niger

Le commandant-chef du bataillon de Niamey, George Nabilou était né sous une bonne étoile. Le matin même, le président de la République Djibao Oumadha avait ordonné l'arrestation de la Dre Virginia Grace et du Dr Alexander Stuart. Les forces rebelles du nord avaient échoué dans leur tentative de les faire prisonniers, et voilà qu'il n'avait qu'à tendre le bras pour les cueillir et les ramener… Il comptait profiter de la situation pour servir ses intérêts politiques et ainsi monter encore de grade afin de devenir Général de l'Armée et Président du Conseil. Il souriait de satisfaction en descendant de la Jeep. Après les salutations d'usage, il s'adressa au lieutenant Roger Sabatier.

— Qu'est-ce qui se passe ici? demanda-t-il.

Roger, penaud, lui expliqua son arrangement avec Lionel. Il ne risquerait pas sa vie pour du whisky. Le général connaissait Lionel et comprit ce qui se tramait assez rapidement. Reconnaissant le docteur canadien, il se doutait bien de ce qui se trouvait dans ces caisses. Il ordonna alors que Lionel Carter retourne de l'autre côté du pont et que l'on saisisse la cargaison.

Les prisonniers devaient être amenés au Palais Présidentiel de Niamey. Nina avait été surprise et apeurée lorsque des visages inconnus et peu amicaux avaient ouvert la boite de bois dans laquelle elle était dissimulée. Puis, elle avait reconnu le peu sympathique commandant-chef Nabilou. Il avait paru ravi de lui annoncer qu'elle était en état d'arrestation sur les ordres du Président de la République. Lorsque la porte du fourgon s'ouvrit brusquement pour laisser entrer Alex, les menottes aux poings elle ne put retenir un sanglot. Elle se ressaisit rapidement.

— Au moins, être détenus par l'armée est mieux que par les rebelles... dit-elle sur un ton peu convaincu.

Alex ne répondit pas, il n'était pas du même avis. Ce général ne lui disait rien qui vaille, il pourrait avec son armée, tenter de prendre le pouvoir. Le Niger avait connu un tel revirement il y avait de cela une dizaine d'années. Le président actuel était un bon dirigeant, il avait été élu après que le Conseil Suprême pour la restauration de la démocratie ait rétabli l'ordre. Si le président Djibao Oumadha tirait les ficelles, ils pouvaient espérer s'en sortirent indemnes... Ce dernier aimait bien Nina et sa famille avait beaucoup contribué à l'Hôpital de l'Espoir.

— J'imagine que Jerry est retourné avec Lionel de l'autre côté de la frontière?

— Ce n'est pas si simple… dit Alex, hésitant.

Le commandant Nabilou était très contrarié, ce Jerry Buchanan brouillait ses plans et il ne savait que faire de ce prisonnier problématique. Il n'avait pu se résoudre à le faire fusiller, car il s'agissait d'une personnalité connue et ils auraient eu la communauté internationale sur le dos. Le président en aurait été très mécontent. Djibao Oumadha était un homme politique très habile et il tenait à maintenir de bonnes relations avec la communauté internationale, il avait été très clair à ce sujet. C'est pourquoi il avait voulu protéger ces médecins quand il avait su que les rebelles tentaient de les prendre.

Jerry avait été jeté à l'arrière d'un camion, ligoté comme un saucisson. Il serrait les dents de rage et de désespoir. Il n'avait aucune idée de ce qu'ils avaient fait de Nina. Il tentait tant bien que mal de défaire ses liens, mais ses tentatives ne faisaient que lui blesser les poignets. Son bâillon était étouffant, mais heureusement il pouvait respirer par le nez. Il avait agi stupidement, présumant qu'on le mettrait avec Nina, mais le commandant avait un tout autre plan pour lui… Pendant un instant, il avait cru qu'on le fusillerait, mais les cris et les arguments de Lionel semblaient lui avoir sauvé la vie, pour le moment.

Il n'avait pas le droit de traverser la frontière et il avait transgressé les ordres. Évidemment, Nabilou avait refusé de le laisser repartir au Bénin. L'ordre était de fusiller les délinquants. Or, on l'avait épargné et il n'avait aucune idée de la suite des choses. Il essayait d'échafauder différents plans d'évasion, même si son esprit réaliste le forçait à s'avouer vaincu, pour le moment...

Il avait réussi à desserrer les liens de ses jambes et se concentrait maintenant sur ses poignets quand le véhicule s'immobilisa. Il n'avait aucune idée de l'heure, mais il put constater que le jour se levait. On vint lui retirer son bâillon pour lui donner à boire, il semble que le commandant tenait tout de même à le garder en vie... Il tenta de parler avec le jeune soldat, mais la langue étant un obstacle de taille, il n'apprit rien.

CHAPITRE 19

Niamey, Niger

Palais Présidentiel

Le président fut très heureux de savoir Dr Grace saine et sauve. La présence de Jerry Buchanan le prit par surprise et il ordonna qu'on le garde isolé pour le moment. Il devait réfléchir à ce nouveau dénouement. Dr Grace et Dr Stuart seraient en sécurité au Palais Présidentiel jusqu'aux élections, mais cet Américain posait problème. De plus, il était célèbre et très riche. Dr Grace connaissait très bien le Secrétaire de l'ONU et il risquait de se retrouver dans de beaux draps... Il soupira longuement avant de se résigner à la rencontrer.

Ils avaient été amenés au Salon du Président de façon cavalière et Nina fut soulagée de voir Djibao Oumadha pénétrer dans la pièce. Il se dirigea directement vers elle afin de la saluer chaleureusement puis il serra la main d'Alex respectueusement.

— Ma très chère docteure... Dès que j'ai appris qu'ils avaient saccagé votre Villa, j'ai ordonné qu'on vous retrouve tous les deux afin d'assurer votre sécurité. Vous ne pouvez pas risquer votre vie en allant à l'Hôpital ou chez vous… Vous serez en sécurité ici, je vous offre la protection de l'armée, vous pourrez rester jusqu'aux élections.

— Mais les élections sont dans deux semaines… répondit Nina avec consternation. Excusez-moi, je dois m'asseoir…

— Vous êtes malade? Allongez-vous, je vais demander qu'on vous apporte à manger.

— Non! Je n'ai pas faim, c'est la nausée… M. le Président… elle ravala sa salive, combattant un haut-le-cœur. Vous devez libérer Jerry Buchanan… elle releva la tête, comme si le fait de prononcer son nom lui donnait de la force. Il a été fait prisonnier par le commandant Nabilou… M. Buchanan n'a rien à voir dans tout ça, c'est un malentendu…

— Jerry Buchanan a enfreint nos lois, pour le moment il doit rester détenu, affirma le président d'une voix ferme.

— Non! Je vous en prie…

Elle dut se lever et courir aux toilettes. Elle n'eut pas le temps d'atteindre la cuvette, elle aspergea le lavabo. Elle se lava le visage à l'eau froide longuement afin de se calmer et reprendre ses esprits. S'ils gardaient Jerry prisonnier, elle devrait tenter de parler à l'Ambassade et elle devrait peut-être le faire évader… Cela compliquait les choses, il ne s'agissait plus seulement d'attendre les élections pour quitter le pays… Et les prisons africaines, l'horreur totale… Elle vomit dans la cuvette cette fois-ci. Elle lissa ses cheveux et sortit dignement pour retourner au Salon Présidentiel. Elle prit son temps pour regagner son fauteuil, écoutant la conversation entre le président et Alex.

— Il était notre prisonnier, mais curieusement, mes hommes l'ont retrouvé mort dans sa cellule… Une balle dans la tête, nous ne comprenons pas ce qui s'est passé. Nous…

Il n'eut pas le temps de finir sa phrase, Nina s'écroula sur le sol. Elle revint à elle quelques minutes plus tard. Elle était allongée sur un divan avec un linge humide sur le front, Alex à ses côtés.

— Oh Alex…

Elle se mit à trembler et à pleurer.

— Pourquoi? Il n'avait aucune raison de le tuer...

Elle pleura de plus belle. Alex comprit alors le malentendu.

— C'est le chef des rebelles qui a été tué dans sa cellule. Jerry est sain et sauf, il est ici. Le président doit aller le voir, mais il désire connaitre ta version des faits avant. J'ai discuté avec lui et…

Nina se jeta à son cou et il la serra dans ses bras. Elle reniflait bruyamment tandis que le président revenait vers eux.

— Dr Grace, vous allez mieux?

Rassuré par Alex, il s'assit sur un fauteuil voisin.

— Votre collègue Dr Stuart vient de me résumer la situation. Je comprends que dans votre état vous ayez tenté de fuir le pays, c'est tout à fait louable. Mais vous auriez dû demander ma protection au lieu de risquer votre vie dans une tentative d'évasion. Je viens d'apprendre que Jerry Buchanan est votre fiancé, ajouta-t-il en souriant. Je comprends sa réaction et pourquoi il a agi de la sorte. Si vous étiez mienne, chère dame, je risquerais ma vie pour vous, sans aucun doute…

CHAPITRE 20

Niamey, Niger

Jerry avait été amené dans une pièce sans fenêtre. Il n'avait aucune idée de ce qui se tramait et étudiait minutieusement toutes les issues possibles. Il savait que le garde avait un revolver à la taille et à son mollet droit. Soudain, la porte s'ouvrit et un homme habillé en habit traditionnel africain entra accompagné de deux gardes.

— M. Buchanan, je suis désolé pour cela, dit-il en anglais incertain et balayant la pièce de sa main. Pourquoi?

— Parce qu'il s'agit de ma femme et que je ne veux pas la laisser. Elle est enceinte et je voulais la ramener en sécurité avec moi aux États-Unis.

Le président avait compris malgré son anglais assez sommaire. Cet homme n'avait pas l'air d'une menace et il est clair qu'il était là pour Virginia Grace. Il soupira et ordonna qu'on le relâche. Jerry fut amené au Domaine Présidentiel, Nina et Alex l'y attendaient. Elle courut se jeter dans ses bras et ne put retenir des larmes de soulagement. Jerry lui chuchotait des mots doux en gaélique tout en l'embrassant. Il était sous le choc, elle paraissait amaigrie, les yeux cernés, les lèvres pâles et craquelées. Si elle était enceinte pourquoi était-elle si maigre?

— *Muirnin*... dit-il en lui embrassant les cheveux.

Nina ne pouvait s'empêcher de pleurer, elle était si heureuse qu'il soit là... Elle le regarda et toucha sa joue.

— Tu as une barbe?

Il lui sourit tendrement.

— Oui depuis un mois... pour le film…

— Ah... tu es beau!

Il l'embrassa doucement et la serra contre lui. Enfin, elle était saine et sauve. Il remercia le ciel.

— Tu vas bien? Tu as l'air épuisée...

— Ça fait un mois qu'elle ne s'alimente pas, dit Alex. La nausée et les vomissements...

— Ce n'est pas normal...

— Ce sont des symptômes courants de la grossesse, certaines femmes en souffrent plus que d'autres, répondit Nina.

— Il faudrait l'amener à l'hôpital, elle aurait besoin d'une intraveineuse pour l'hydrater, la coupa Alex.

— Il n'y a pas de médicaments pour la nausée?

— Oui, mais on ne peut pas lui donner n'importe quoi pour ne pas nuire au bébé. Il y a un médicament qui est sans danger, mais nous n'en avions pas. Il faudrait lui faire une échographie afin de savoir si tout va bien...

CHAPITRE 21

Cotonou, Bénin

Lionel avait obtenu la permission d'atterrir à Cotonou. Ils n'avaient aucune idée si Nina et Alex pouvaient séjourner au Bénin. Il s'agissait de circonstances particulières et ils devaient contacter les ambassades américaine et canadienne. Jerry était très inquiet de l'état de Nina. L'hélico s'était arrêté et Nina dormait encore dans ses bras.

Ils étaient arrivés à destination et tout s'était bien passé. En s'éveillant, elle eut une pensée pour Mariama, Christiane et Joseph qui étaient restés au Niger. Le président Oumadha, inquiet de l'état de santé de Nina, avait accepté qu'elle soit évacuée au Bénin. Alex et Jerry avaient été très convaincants dans leurs arguments et il paraissait évident qu'elle ne pourrait pas survivre longtemps sans des soins médicaux adéquats.

Alex avait discuté avec Mariama. Après le passage mémorable du Colonel Gorel, il n'y avait pas eu d'autres évènements perturbants. Sabine se portait bien, la blessure par balle s'était avérée moins sévère que prévu. Mariama était désolée de les avoir dénoncés, elle n'avait pas eu le choix. Alex l'avait rassurée, le président s'était chargé de leur sécurité.

Ils amenèrent Nina à l'hôpital et Jerry l'enregistra à la salle d'urgence. Elle vit un jeune médecin africain qui l'examina et qui tenta de chercher un cœur fœtal avec un doppler pendant qu'une infirmière lui installait une intraveineuse dans l'avant-bras. Ils écoutèrent, ravis, les battements rapides.

— On dirait un galop, c'est si rapide que ça? dit Jerry, tout sourire.

Il était assis à côté de la civière et ne lui avait pas lâché la main de toute la durée de l'examen.

— Pourquoi ton intraveineuse est-elle jaune?

— Ce sont des vitamines.

Il l'embrassa sur le front, satisfait. Elle allait passer une échographie. On l'amena jusqu'en radiologie en fauteuil roulant. Jerry la suivait pas à pas.

— Vous êtes enceinte de combien de semaines? demanda la technicienne.

— Peut-être dix, je ne suis pas certaine...

Elle entreprit de faire l'échographie. Nina regardait l'écran avec anxiété. Lorsqu'elle vit l'expression de Jerry, elle ne put se retenir de rire. Il lui sourit.

— Pourquoi ris-tu?

— Tu as l'air d'un petit garçon qui attend une surprise, mais qui semble mort de trouille... Tu ne pensais pas, il y a deux jours, te retrouver en train de regarder un petit fœtus j'en suis certaine.

— Effectivement, tu as raison... mais je peux te dire qu'en fait je ne vois pas grand-chose...

— On aperçoit ici un premier petit cœur fœtal, dit la technologue.

Nina retint son souffle.

— Là, vous avez le deuxième cœur fœtal. Vous en êtes à la douzième semaine de grossesse.

— Il y en a deux!? Nina n'avait pu s'empêcher de crier de surprise.

Jerry n'en revenait pas, des jumeaux... Il sentit les larmes lui piquer les yeux.

— On va avoir des jumeaux, je n'en reviens pas!

Jerry se tourna vers elle et l'embrassa tendrement.

— Je suis tellement content, mon amour. Nous allons avoir deux bébés! À mon âge, c'est mieux comme ça : deux pour un. Ça commence bien notre famille.

Il lui sourit et l'embrassa encore.

— *Commencer*... combien d'enfants est-ce que tu veux avoir?

— Au moins quatre... peut-être plus, tout dépend de toi...

Il ne lui avait jamais parlé d'avoir des enfants et elle comprenait pourquoi... Elle lui avait dit qu'elle était stérile.

— Tout me semble normal, le radiologiste vous fera parvenir son rapport dit la technologue en refermant son appareil.

— Merci.

Ils retournèrent à la salle d'observation et attendirent patiemment que le soluté perfuse complètement. Nina avait repris des couleurs et elle se sentait mieux. Mais la nausée était toujours là.

On lui apporta un cabaret de nourriture, elle fut incapable d'avaler plus qu'un demi-toast. Elle avait des haut-le-cœur et faillit vomir aussitôt. Jerry se précipita au bureau des infirmières. On lui expliqua que les pilules pour la nausée prendraient un jour ou deux avant de faire effet. Il revint penaud, s'asseoir près de sa chérie, se sentant totalement impuissant.

— Ne t'en fais pas, mon chéri. Je mange plusieurs fois par jour des petites choses et ça finit par passer.

— Mais ça n'a aucun sens, il faut te nourrir pour que tu prennes des forces… De plus, ils sont deux!

Elle rit, oui ils étaient deux... Elle caressa son ventre, tout son corps était amaigri, mais son ventre était légèrement proéminent. Jerry y déposa sa main chaude par-dessus la sienne et ils restèrent comme ça en se regardant dans les yeux.

— Rentrons à la maison, Jerry mon amour...

— À la maison?

— Oui… rentrons en Écosse.

Il lui sourit de toutes ses dents, il était l'homme le plus heureux.

— Oui *muirnin*, je vais nous ramener chez nous.

Il l'embrassa puis une pensée lui effleura l'esprit.

— Douze semaines, c'est au lac Tahoe...

— Oui probablement.

— Il me semblait bien que c'était impossible qu'on fasse l'amour si souvent sans risque... Tu m'avais dit que tu n'étais pas fertile... Pourquoi?

— Je le croyais vraiment! Il y a trois ans, j'ai eu un kyste ovarien qui me faisait souffrir. J'ai subi une chirurgie pour l'extraire et on m'a dit alors que j'avais les trompes de Fallope bouchées... Après l'accouchement que j'ai eu en 2000, une partie du placenta était resté à l'intérieur et l'infection s'était installée. On m'a alors sauvée avec un curetage et des antibiotiques, mais ce genre d'infection laisse habituellement des séquelles qui amènent la stérilité. Mauvais diagnostic! De toute façon, tu n'avais qu'un seul préservatif...

— Je ne savais pas que j'avais affaire à une véritable bête de sexe! De toute façon, *muirnin,* nous sommes faits pour être ensemble. Nos enfants sont seulement pressés d'arriver...

Ils purent quitter le pays deux jours plus tard, après diverses formalités diplomatiques. Elle n'avait jamais voyagé dans un avion aussi luxueux, le jet d'Ethan et Carrie était une vraie merveille. Ils avaient plusieurs heures de vol et en profitèrent pour se coucher. Jerry était au bord de l'épuisement, Nina s'en était bien rendu compte. Il ronflait bruyamment, signe de sa fatigue intense. Elle réussit à manger un sandwich au jambon avec du fromage et quelques crudités. Elle se sentait vraiment mieux.

Elle le regarda dormir longtemps en lui caressant le torse. Elle l'avait échappé belle, il était venu la chercher aussitôt, il n'avait pas hésité. Comment avait-il pu partir du Canada et venir aussi rapidement?

Il se réveilla quelques heures plus tard et l'observa dans son sommeil, elle avait vraiment perdu du poids. Il pouvait voir ses os saillir à ses épaules et à ses hanches, mais curieusement, il lui sembla que ses seins avaient pris de la plénitude et le doux renflement de son ventre s'était accentué. La première chose qui lui avait plus chez elle c'était ses belles rondeurs, ses jambes musclées et sa poitrine voluptueuse. Il n'avait jamais aimé les femmes maigres et à Hollywood, les femmes étaient constamment obsédées par leur poids.

Il n'appréciait pas ce qu'il voyait en ce moment et cela l'inquiétait. Il espérait que les médicaments feraient leur effet et qu'elle reprendrait ses belles formes en plus des nouvelles rondeurs qu'il pouvait déjà voir émerger. Elle ouvrit les yeux et le regarda. Il était beau avec sa barbe, ses yeux paraissaient encore plus lumineux, turquoise comme un paradis tropical... Il s'approcha d'elle et moula son corps au sien en l'embrassant doucement sur les lèvres. Elle répondit à son baiser et il fut heureux de retrouver sa déesse de l'amour. Elle était toujours aussi passionnée et il se fit un honneur et un plaisir de répondre à son besoin d'amour pressant. Ils firent l'amour plus lentement que d'habitude goûtant le plaisir d'être enfin réunis après une longue séparation, rien n'avait changé, leur communion était la même. Intense, parfaite.

CHAPITRE 22
Loch Lomond, Écosse

Ils étaient de retour en Écosse. Nina était enchantée de revenir au Loch Lomond. La maison était si accueillante, elle s'y sentait vraiment chez elle. Bizarrement, elle ne la voyait plus de la même façon, avant c'était la maison de Jerry, mais là elle sentait que ce serait leur maison. Il serait merveilleux d'y élever leurs enfants.

Elle était épuisée, il lui fit couler un bain et elle s'y prélassa longuement. Il en profita pour appeler sa mère. Deirdre fut étonnée de les savoir en Écosse, mais elle s'abstint de le questionner. Il lui demanda de venir, il avait besoin de lui parler. Elle n'allait pas tarder, lui dit-elle, curieuse. Il retourna voir Nina, elle dormait dans la baignoire. Il sourit tendrement en la voyant. Il la réveilla doucement, l'aida à sortir et l'installa dans l'immense lit à baldaquin. Elle était si fatiguée qu'elle avait de la difficulté à rester réveillée.

— Dors ma chérie, tu es en sécurité...

— Je t'aime... et elle sombra dans un sommeil sans rêves.

Deirdre arriva quelque temps plus tard avec des sacs de provisions. Elle avait cuisiné toute la journée, potage, ragoût et pain de ménage. Il fut heureux comme un petit garçon, la nourriture de sa mère était tellement réconfortante... Ils burent un verre de vin dans le solarium et il lui raconta son aventure en Afrique, omettant certains détails inquiétants. Il lui dit que Nina n'y retournerait pas, et finalement, il lui annonça la grossesse de Nina.

— Je ne te cacherai pas ma surprise, je ne m'attendais pas à ça tout de suite... Mais je suis tellement heureuse pour toi...   Je pense qu'elle est faite pour toi, c'est une personne tellement exceptionnelle...

— Je ne t'ai pas tout dit... Nous avons passé une échographie et il y en a deux!

— Des jumeaux? C'est merveilleux! Je suis tellement contente, ton père serait si heureux...

Elle pensa à Caitlin. Son cœur se serra et ses yeux s'emplirent de larmes. Caitlin était la jumelle de Jerry et son suicide avait été terrible pour lui, il avait affreusement souffert de sa mort.

— Mon chéri, elle lui toucha la joue. Tu penses à Caitlin n'est-ce pas?

Une larme perla, il l'essuya.

— Comment ne pas penser à elle? Ça fait plus de vingt, mais il me semble que c'était hier, elle me manque terriblement... Que Nina soit enceinte de jumeaux est tellement ironique...

— Ce n'est pas ironique mon chéri, c'est la vie. La vie qui part et qui vient. La vie qui te fait un cadeau : une femme et des enfants à chérir. Tu vas être le meilleur papa qui soit pour ces deux petits êtres... Tu vas pouvoir comprendre leur attachement et leur complicité...

Elle regarda par la fenêtre, pensive.

— Quand je suis tombée enceinte de ta sœur et toi, nous n'avions aucune idée que vous étiez deux. Il n'y avait pas d'échographie à l'époque. Lorsque la grossesse fut très avancée, le Dr Blackburn me fit part de ses doutes. À l'examen de mon ventre, il était certain qu'il y avait deux bébés. Tu es né le premier, gros et vigoureux et ta sœur quelques minutes plus tard, elle était plus petite que toi... Tu as toujours été le plus fort, et tellement protecteur... Tu prenais soin d'elle, elle te suivait partout.

Elle se tourna vers lui.

— Mon chéri, Caitlin a fait son choix. Si tu avais été présent, tu l'aurais empêché ce jour-là, mais elle aurait recommencé. Elle était malade, très malade. La dépression avait complètement envahi son être. Peut-être que la médecine aurait pu changer quelque chose... Mais elle refusait de prendre des médicaments. Ça m'a pris des années à comprendre le geste qu'elle a posé ce jour-là, et jamais, je ne pourrai l'accepter. Ce qui me fait le plus mal, c'est d'imaginer la douleur et la souffrance qu'elle ressentait, toute cette détresse qui l'a poussé à s'enlever la vie... Je n'avais pas compris à quel point elle souffrait...

Les larmes coulaient sur ses joues, elle ne les cacha pas. Jerry regardait le loch et restait silencieux.

— J'espère que tu ne connaîtras jamais la perte d'un enfant, c'est une douleur qui ne s'estompe jamais... On apprend à vivre avec son absence, mais on ne peut jamais accepter complètement sa mort.

Nina avait connu cette perte atroce, elle portait encore cette douleur en elle... Il prit la main de sa mère et la serra contre son cœur.

— Tu as raison maman, ces jumeaux sont une bénédiction... Nous sommes vraiment choyés par la vie... Deux pour un, avec le genre de grossesse qu'elle vit... c'est une aubaine...

Il lui sourit et embrassa sa main. Deirdre était heureuse qu'ils soient revenus en Écosse, elle espérait qu'ils s'y établiraient... La mort de Caitlin avait remué la famille complètement. Son époux, Alistair n'avait plus jamais été le même. Jerry avait quitté l'Écosse pour les États-Unis dans les mois suivants. Elle avait alors eu l'impression de l'avoir perdu, lui aussi. Il avait réussi une brillante carrière, mais Alistair et elle avaient regretté longtemps son départ. Le voir ici, aujourd'hui, lui annonçant la venue de ses jumeaux en plus du mariage qu'ils préparaient, la rendait très heureuse. C'était inespéré.

— Où allez-vous vous établir?

— Nina préfère la maison d'ici à celle de Los Angeles, et lorsqu'elle m'a demandé de l'amener chez nous, c'est de cette maison-ci qu'elle parlait... Je pense qu'il y a de fortes chances qu'on s'établisse ici. Il est certain que nous allons devoir partager notre temps entre ici et les États-Unis, mais je pense que c'est possible. Je pense sérieusement à acheter un avion...

— Un avion...

Elle était surprise, elle n'avait pas réalisé à quel point son fils était riche.

— Oh, Jerry, je suis si heureuse de ce que j'entends... Avec les petits bébés, vous allez avoir besoin d'une grand-maman tout près...

— Oui, c'est certain!

— Quelle est la date prévue de l'accouchement?

— Le 15 février.

— Il va falloir changer la date du mariage...

— Tu as raison, on en discutera avec Nina...

— Tu dois être mort de fatigue, mon chéri... Je vais partir, mais si tu es d'accord, je vais revenir demain pour la voir...

Il la raccompagna à sa voiture. Une forte pluie se mit à tomber et des éclairs zébraient le ciel. Il entra précipitamment, fit rapidement le tour du rez-de-chaussée et éteignit les lumières. Il monta à l'étage. Il allait prendre une douche et se coucher, car il était plus de 22 heures. Il la regarda dormir un instant puis se pencha et l'embrassa tendrement. Elle soupira et repoussa la couette, exposant sa douce poitrine. Il sourit de bonheur, elle dormait paisiblement, n'ayant aucune idée de ce qu'elle provoquait en lui. Il embrassa ses lèvres puis effleura ses seins de sa bouche chaude, elle gémit tout en ouvrant les yeux.   Elle le vit pencher sur sa poitrine et sentit l'excitation monter en elle. Lui prenant la tête de ses mains, elle l'encouragea tout en se pressant contre lui. Il glissa une main vers sa douce fente et il la caressa tendrement.

— Chéri, déshabille-toi, chuchota-t-elle.

Ce qu'il fit rapidement et il s'installa entre ses cuisses pour la prendre passionnément. Bientôt, ses gémissements et ses mouvements du bassin eurent raison de lui. Ils se rejoignirent dans un fulgurant orgasme. Il s'endormit après l'extase, mort de fatigue. Elle se leva, mit un peignoir et descendit à la cuisine. Curieusement, elle avait faim. Elle fut surprise de trouver le frigo rempli. Elle mangea un yogourt et quelques biscuits, la nausée semblait s'être finalement estompée.

Soudain, elle la vit. Une jeune femme avec de longs cheveux bruns, habillée d'un jean et d'une chemise blanche. Elle se tenait dans le coin de la cuisine près de la porte et la regardait fixement. Nina eut la chair de poule et retint sa respiration. Elle l'observa quelques secondes puis, l'espace d'un clignement d'yeux, elle disparut. Apeurée, elle monta rapidement au deuxième afin de retrouver Jerry.

CHAPITRE 23
Loch Lomond, Écosse

Ils firent la grasse matinée, ce qui n'était pas dans leurs habitudes. Jerry fut le premier à s'éveiller, mais il ne bougea pas d'un poil, perdu dans ses pensées. Elle dormait sur le ventre, ses longs cheveux épars sur l'oreiller. Téléphoner à Andy était primordial, car il devait retourner au Canada pour le tournage. Pas question de rompre son engagement. En trois ans, il avait tourné quatre films, dont deux dans la dernière année. Il prendrait une longue pause, c'était décidé. Il avait envie de consacrer la prochaine année à sa femme et aux bébés qui s'annonçaient. Il ne savait pas non plus comment elle voyait leur vie à deux, car ils n'en avaient jamais discuté. Elle se réveilla tout doucement, une paire d'yeux apparut ainsi qu'un sourire endormi.

— Bonjour!

— Bonjour, *muirnin*... répondit-il en déposant un baiser sur ses lèvres.

— J'ai tellement faim...

— C'est vrai? Il sourit. Tu n'as pas la nausée?

— Oui un peu, mais j'ai tellement faim! Il faut que je mange quelque chose tout de suite sinon ça risque de devenir insoutenable...

Elle se leva et s'assit sur le bord du lit. Il se leva aussitôt, enfila un short-boxeur et un t-shirt.

— Viens, je vais te faire un petit déjeuner.

— Rien de compliqué, je ne sais pas si je vais être capable de manger...

Décidément, il ne comprenait rien, elle venait de lui dire qu'elle avait faim... Elle prit ses comprimés pour la nausée et ils descendirent à la cuisine. Il lui fit un toast. Elle ne voulait rien d'autre pour le moment. La journée était amorcée depuis belle lurette et la pluie n'avait pas cessé. Malgré la grisaille, la cuisine était lumineuse grâce au puits de lumière. On aurait dit que le soleil voulait forcer les nuages et tenter une sortie.

— Qu'est-ce qu'on va faire maintenant? lui demanda-t-elle.

— Bien... Je dois retourner au Canada, il reste quelques semaines de tournage...

— Combien de temps?

— Un mois minimum. Tu pourrais venir avec moi...

— Qu'est-ce que je ferais pendant ce temps?

— Je ne sais pas vraiment, te reposer, visiter la ville. Il faut dire que les journées sont longues, je travaille souvent plus de douze heures... On pourrait se voir en fin de journée, dormir ensemble. Pour les scènes nocturnes, il arrive qu'on travaille jusqu'à très tard dans la nuit.

— Je ne crois pas que ce soit une bonne idée. Surtout si la grossesse continue à me rendre si misérable... De plus, ils vont tous savoir que je suis enceinte... Si on veut garder notre mariage secret, il ne faut pas alimenter les rumeurs... J'aimerais rester ici. Je voudrais qu'on puisse s'établir ici. Qu'en penses-tu?

— Je suis très heureux que tu veuilles qu'on vive ici... C'est mon souhait le plus cher d'élever nos enfants en Écosse. Je n'avais jamais imaginé avant de te rencontrer, que ce serait possible et encore moins dans cette maison!

— Pourquoi? Qu'est-ce qu'elle a cette maison?

— C'est ma mère qui a insisté pour que je l'achète, c'était une reprise de finance. J'en suis devenu le propriétaire juste à temps, car il semble qu'ils voulaient en faire un monument historique. Cette maison est célèbre, en fait c'est presque un musée... Apparemment, c'est ici que se sont établis mes ancêtres Buchanan au quatorzième siècle. La maison a trois cents ans. Elle a été agrandie et rénovée, mais le site est véridique. La première résidence des Buchanan fut établie sur ces terres, mais elle fut rasée par un incendie. La partie dans laquelle nous nous trouvons est récente, mais la cheminée centrale fait partie de la maison d'origine... Tu imagines si on faisait des fouilles archéologiques...

Surprise, elle laissa courir son regard sur les poutres du plafond. Elle ne verrait plus la maison du même œil. Elle se dit qu'il devait y avoir plusieurs fantômes... elle ne put retenir un frisson.

— Avant tout, il faut que tu saches que je vais devoir passer beaucoup temps aux États-Unis.

— Oui, je m'en doute. En plus des lieux de tournage à travers le monde...

— En fait, il s'agit principalement du Canada et des États-Unis. Après ce film-là, je vais faire une longue trêve.

Il traversa de l'autre côté du comptoir et la prit dans ses bras. Elle soupira.

— Un autre mois sans se voir...

— Je ne vais pas travailler trente jours consécutifs! Je serai de retour pour mes journées de congé. Tu vas voir, ça va passer vite. On sera séparé cinq ou six jours à la fois, ce sera tout de même mieux que ces semaines qui viennent de passer...

Il l'embrassa tendrement.

— Il y a une Mercedes dans le garage, tu n'auras qu'à t'en servir, elle a un GPS.

— Quand est-ce que tu dois partir?

— Dans deux jours au plus tard, peut-être demain, je n'en sais rien.

Deirdre téléphona et vint les rejoindre dans l'après-midi. Nina fut très heureuse de la revoir, les choses avaient changé depuis la dernière fois... Jerry passa une partie de la journée dans le bureau du rez-de-chaussée au téléphone et à l'ordinateur. Nina en profita pour s'informer sur l'histoire de la maison. Deirdre se fit un plaisir de tout lui raconter ce qu'elle savait et elles firent un tour complet de la propriété.

À sa grande surprise, elle découvrit un loft au troisième étage. Au bout du couloir, il y avait une trappe au plafond et lorsqu'on actionnait le mécanisme, des escaliers apparaissaient comme par magie. Elle y grimpa, émerveillée comme une enfant. Il s'agissait d'une véritable suite avec salon, bureau, chambre et salle de bain. Il y avait également un second loft au-dessus des garages, mais celui-là, elle le connaissait bien. Il s'agissait d'une grande salle familiale avec téléviseur, minibar, table de billard, table de ping-pong et autres gadgets du genre. Au sous-sol, on voyait exactement où étaient situées les fondations de la maison d'origine. Les solives du plancher étaient de véritables troncs d'arbre, encore recouverts de lambeaux d'écorce.

À l'étage, elles explorèrent les pièces dans un tout autre dessein : elles devaient préparer la venue des jumeaux. Elles conclurent que la chambre jaune ensoleillée serait la meilleure option, car elle était voisine de leur chambre, de l'autre côté du large couloir. Jerry vint les rejoindre à l'étage et prit part à la discussion. Il fut du même avis. La chambre des enfants bénéficiait des grandes baies vitrées donnant sur la forêt et elle était assez spacieuse pour y installer deux lits d'enfants en plus de tout le reste nécessaire à une nurserie. Resterait à choisir le mobilier et la décoration, ce que Nina ferait accompagner de Deirdre durant les prochaines semaines en plus de préparer un mariage qui allait devoir être devancé.

— Finalement, je ne vais pas chômer... Il y a beaucoup de choses à préparer, je n'aurai pas beaucoup le temps de m'ennuyer. Quelle heure est-il? Je commence à avoir faim...

— Maman, tu vas rester avec nous? J'avais prévu de faire le poisson que tu as amené hier...

— Mes enfants, je vais aller préparer le repas. Profitez-en pour discuter...

Nina la suivit tout de même à la cuisine, car la faim la tenaillait et elle devait manger un petit quelque chose... Elle dut bien admettre qu'elle se sentait de mieux en mieux. Jerry en fut très heureux, elle allait reprendre des forces ainsi qu'un aspect plus normal. Il n'avait pas parlé de la grossesse de Nina ni de son mariage à son agent Andy, car il appréhendait sa réaction. Tout compte fait, il était heureux qu'elle reste ici, elle allait pouvoir préparer leur nid d'amour et leur mariage. Deirdre allait être un soutien important pour Nina, d'autant plus qu'il ne connaissait absolument rien aux préparatifs de mariage et aux bébés...

Ils avaient réussi à parler à Lionel et Alex qui les avaient rassurés : tout semblait rentrer dans l'ordre au Niger. Nina avait parlé à Mariama et leur conversation l'apaisa grandement, tout le monde allait bien. La salle des urgences était bondée, ils ne suffisaient pas à la tâche, mais aucune explosion de violence n'était survenue dans les environs de Niamey. Le soulèvement de révolte était concentré au nord du pays. Pour le moment, la capitale était épargnée. Les élections auraient lieu dans deux semaines, il leur suffisait d'être patients. Ils avaient fait des réserves de nourriture et de fournitures de toutes sortes, la Croix Rouge était prête à intervenir au besoin. Nina se sentait inutile et surtout coupable de les avoir laissés, et ce malgré tout ce que Jerry pouvait lui dire pour la convaincre du contraire.

Il la quitta le lendemain matin pour son tournage au Canada. Elle se sentit très seule après son départ. La journée s'annonçait ensoleillée ce qui la motiva pour une promenade. La maison était sise sur un véritable domaine. Il y avait une enseigne contenant une carte des sentiers pédestres qu'elle consulta avant d'en choisir un qui longeait le cours d'eau. Il faisait bon, la température était agréable, et même qu'après un moment au soleil, elle retira son manteau. Le paysage était par moment à couper le souffle, le loch était calme et brillait comme un immense miroir. Elle profita de ce bon air frais qui lui redonnait force et courage. Elle pensa à toutes ces années en Afrique ou elle avait souffert du climat parfois désertique. Elle n'aimait pas la chaleur trop intense. Elle préférait un climat comme celui-ci, doux par moment, mais surtout frais une bonne partie de l'année.

Et l'hiver... Elle appréciait l'hiver, Noël sous la neige... Elle affectionnait les maisons illuminées de lumières multicolores et chauffées par un feu de bois. Elle imagina Jerry en train de fendre du bois à la hache en prévision de l'hiver et l'image la fit sourire. Pour elle, il était loin de la star de cinéma, il était un homme avant tout, simple, aimant, bon et généreux. Elle voulait vivre un bonheur tout simple avec lui, l'aimer et élever leurs enfants.

CHAPITRE 24

Loch Lomond, Écosse

Deirdre ne laissa nul répit à Nina, ne lui laissant aucunement l'occasion de s'ennuyer. Nina fut emportée dans un tourbillon de discussions, de magasinage et d'essayage sans fin. Robe de mariée, gâteau, fleurs en plus du choix de meubles et d'articles de décoration pour la chambre des bébés. Le vendredi, pour clore le tout, elles allèrent passer la soirée chez la sœur de Jerry, Cécilia. Ian et elle habitaient une belle maison dans un nouveau quartier à Greenock, une ville située de l'autre côté du Clyde. Cécilia fut surprise de la savoir enceinte puis tout compte fait, son frère avait tellement attendu qu'il n'était pas surprenant que tout se passe si vite. Les fillettes étaient toujours aussi adorables et elles ne quittaient pas leur grand-maman d'une semelle, ce qui laissa beaucoup de temps à Cécilia et Nina de faire amplement connaissance.

Elles discutèrent surtout grossesse et bébé. Après un repas copieux, ils eurent la visite d'une vieille dame qui se nommait Alicia Fraser. Il s'agissait de la grande tante d'Ian. Elle habitait dans un des appartements pour gens du troisième âge tout près et elle prenait souvent la liberté de venir leur faire des petites visites éclair. Chaque fois, elle apportait des gâteries aux filles. Elle eut un énorme sourire quand elle vit Nina et lui tendit les joues pour la bise, ce que Nina fit de façon toute naturelle.

— Mon enfant, c'est pour quand ces bébés? lui demanda-t-elle en la regardant franchement dans les yeux.

Nina en eut la chair de poule. Comment avait-elle su? Cécilia lui présenta Nina comme la future épouse de Jerry.

— Comment savez-vous que j'attends des jumeaux?

— Il y a des choses que je sais, voilà tout...

Elles s'installèrent toutes deux dans le salon pendant que Cécilia et Deirdre s'occupaient des filles.

— Ma chérie, donne-moi ta main.

Nina la lui tendit, intriguée.

— Je vois que tu as eu une vie très difficile, beaucoup de solitude... Tu as perdu une enfant... Tu as déjà été mariée... Où est ton mari? Je ne le vois pas, est-il mort?

— Il a été enlevé, ils ont retrouvé son corps après une explosion...

La vieille dame la regarda d'un air sceptique en secouant la tête. Elle continua.

— Tu vas connaître un grand bonheur avec Jerry Buchanan. Vous allez avoir trois enfants. Tu as eu une visiteuse, dernièrement...

— Une visiteuse?

— Oui une apparition... une jeune femme brune...

— Oui... elle réprima un frisson de peur.

— N'aie pas peur, ma chérie. Il s'agit de Caitlin qui est venue voir la femme de son frère jumeau... Elle va se réincarner très bientôt...

Jumeau? Jerry lui avait parlé de sa sœur décédée, mais il avait omis de lui dire qu'il s'agissait de sa jumelle...

— Toi et Jerry Buchanan; vous n'en êtes pas à votre première vie ensemble. Ton Jerry a été chef du clan Buchanan durant plusieurs incarnations... C'était un guerrier, un véritable chef... Rien de surprenant que dans cette vie, il soit une star...

— Quoi? De quoi parlez-vous?

— Tu sais bien que la vie que nous vivons n'est pas la première et ne sera pas la dernière... Tu as fait le bon choix de venir en Écosse, c'est ici qu'est ta destinée maintenant et tu seras très heureuse. Profite de ton bonheur. Tu trouveras encore le moyen d'aider les femmes...

Elles furent interrompues par Deirdre qui venait dire à Nina que les fillettes la réclamaient pour le bisou du dodo. Ce qu'elle fit avec grand plaisir.

De retour à la maison, elle appela Jerry sur son cellulaire. Elle lui raconta sa journée et sa soirée chez Ian et Cécilia. Elle omit de lui parler de sa rencontre avec Mme Fraser, elle préférait attendre son retour.

Ce soir-là, elle fit un rêve étrange. Habillée d'une robe ivoire, assise devant une glace, elle tentait de faire tenir un chignon par des peignes de nacre. Ses cheveux étaient auburn et ses yeux d'un bleu purs. Soudain, la porte s'ouvrit sur une femme qui venait la chercher. Elle prit son bouquet de fleurs blanches et la suivit. Elle marcha jusqu'à une chapelle au fond du jardin. On la fit entrer et elle s'engagea dans l'allée sous la musique d'une cornemuse. Elle avançait tout doucement, elle ne voyait personne de l'assistance, car ses yeux étaient rivés sur lui. Jerry habillé d'un kilt dans des teintes rouges sombres l'attendait impatiemment. Elle n'avait d'yeux que pour lui, il était superbe. Il lui prit la main, de son poignard lui fit une légère entaille et fit de même avec sa propre main. On leur lia les mains avec un bout de tartan, ils étaient maintenant mari et femme. Elle leva les yeux vers lui, il lui souriait en la regardant tendrement. Ils s'embrassèrent.

Nina se réveilla en sursaut. Elle venait de voir son mariage, mais était-ce vraiment son mariage? Elle ne savait pas ce qui la troublait le plus, était-ce l'image d'elle-même dans le miroir ou Jerry... Il était différent avec ses cheveux longs et bouclés... Est-ce que Mme Fraser avait raison, ils avaient déjà été mariés dans une autre vie? Elle ne savait pas quoi penser, mais elle avait maintenant une certitude, elle aimait cet homme depuis *très longtemps*...

CHAPITRE 25
Loch Lomond, Écosse

Ils étaient installés confortablement sur le divan de la salle familiale et regardaient la télévision, collés l'un contre l'autre. Nina pensait au mariage. La date avait été fixée au Premier de l'an. Les discussions avaient été vigoureuses avec Deirdre, mais Jerry était resté intraitable. De cette façon, ils éveilleraient moins l'intérêt des médias, car il s'agissait d'une période de réjouissance normale.

Cameron House, était un hôtel de prestige, construit en 1835, sur les bords du Loch Lomond et Nina avait été séduite dès le premier regard. Leurs invités arriveraient le 30 décembre et profiteraient des installations et du spa avant la cérémonie. En prime, ils auraient une veillée du jour de l'an mémorable. Le mariage serait célébré le Premier de l'an à quinze heures et une réception s'ensuivrait à Cameron House. Toutes les chambres étaient réservées du 30 décembre au 2 janvier, ainsi que la plupart des chalets. Le mariage serait célébré à l'Église protestante de la paroisse de la famille Buchanan à Helensburgh. Deirdre avait invité toute la famille et les amis, ainsi que certains O'Neil de Wicklow. Jerry avait réussi à restreindre la liste d'invités à un peu moins de deux cents personnes.

Ils discutèrent des préparatifs, ils devaient prendre rendez-vous pour aller choisir le menu et la carte des vins. Jerry aurait préféré qu'elle s'en charge avec Deirdre, mais Nina avait insisté pour qu'il y participe. Il lui parla du « handsfasting », il s'agissait d'un rite ancien écossais, elle se montra très intéressée. On liait les mains des mariés avec des rubans lors de l'échange des vœux. Au moyen âge, quand il n'y avait aucun prêtre de disponible pour le mariage, un homme et une femme pouvaient se marier de cette façon devant témoin.

— Est-ce qu'on va devoir se couper la main?

— Non... ça, c'est la façon ancestrale des clans...

Il était surpris qu'elle connaisse cette coutume tribale. Elle lui raconta son rêve, les mains liées avec le tartan et surtout, l'image d'elle-même dans le miroir ainsi que les longs cheveux de Jerry. Elle lui parla de sa rencontre avec Mme Fraser.

— Elle m'a déjà raconté que j'ai été chef du clan des Buchanan et également que c'est moi qui aurais fait construire cette maison...

Nina revit les troncs d'arbre dans le sous-sol et eut soudain une vision de lui, debout dans le trou de la cave en train de les installer et les fixer...

— Je me souviens qu'elle m'a parlé d'une femme, ma femme, qui viendrait d'ailleurs et qui serait liée à moi d'une façon particulière.

— Mon dieu, cette Mme Fraser est une sorcière...

— Mais non, elle a seulement un don de voyance... Elle connait le passé et l'avenir... Je peux te dire qu'elle ne livre pas ses secrets à n'importe qui... Beaucoup de gens seraient prêts à payer cher afin qu'elle leur révèle leur avenir. Mais curieusement, elle a toujours refusé. Je crois qu'elle choisit ce qu'elle veut bien raconter et à qui le raconter... Eh bien! *Muirnin,* je ne suis pas surpris de savoir que je t'aime depuis des siècles... Ça explique bien des choses…

CHAPITRE 26

Hollywood, États-Unis

Nina n'avait pas oublié la maison dans les collines hollywoodiennes. Elle en avait gardé un souvenir cher à son cœur, cet endroit représentant les débuts de leur relation. Elle fut surprise de retrouver la fameuse robe bleu azur encore suspendue dans la penderie de Jerry. Elle sourit en la voyant.

— Cette robe est précieuse *muirnin*, elle représente nos premiers moments. Je pense que je suis tombé amoureux de toi dès l'instant où tu as pris mon bras et que tu es sortie de cette limousine...

Nina se serra contre lui.

— Je me souviens de tes yeux turquoise. J'ai cru défaillir sous l'effet que tu me faisais et toi, tu semblais t'en amuser...

— Je ne m'en étais pas rendu compte... Je ne pouvais cesser de sourire et de te regarder, car j'étais totalement sous ton charme.

— Cette robe me rendait folle, j'avais l'impression d'être complètement nue sous ton regard, surtout quand je me suis assise à tes côtés... Je me rappelle que tu me dévorais des yeux et que ça me rendait nerveuse...

— Tu as un dos superbe avec deux petites fossettes sur le dessus de tes reins et je pouvais voir la courbe de tes seins, dit-il en l'enlaçant et en l'embrassant tendrement.

Il chuchotait à son oreille tout en caressant tour à tour les parties du corps de Nina. Elle sentit monter en elle un besoin que lui seul avait le pouvoir de combler.

— Sans parler de ta cuisse chaude, bronzée collée contre la mienne et l'odeur de ton parfum. Je ne pouvais pas te quitter des yeux et m'empêcher de trouver toutes les occasions possibles pour te toucher... j'étais complètement fou de toi, et ce dès le premier instant, *muirnin*... Et dans la limousine quand tu as répondu à mon baiser, je t'aurais fait l'amour sur le champ...

— Jerry chéri, fais-moi l'amour...

Ils s'embrassèrent passionnément, retrouvèrent le grand lit et firent l'amour comme si c'était la première fois. Sa grossesse commençait à compliquer un peu les ébats amoureux et ils devaient changer leurs positions pour s'adapter. Ils pouvaient difficilement s'embrasser pendant leurs ébats, mais le visuel en était encore plus excitant. Il la trouvait sublime avec son corps de déesse de la maternité.

Ils étaient à Los Angeles pour la première de « Outback », un film d'aventure tourné en Australie, dont Jerry tenait le rôle principal. Le soir de première, était un évènement toujours très glamour. Tapis rouge, célébrités, coup d'éclat. C'était l'occasion pour les artisans de présenter le fruit de leur travail et de lui donner son envol. Parfois, les producteurs y mettaient le paquet pour faire parler de leur film le plus possible. Pour le film « Outback », nul besoin de cela. La seule présence de Jerry Buchanan au bras de la Dre Virginia Grace suffit à exciter la foule et les journalistes, ils défraieraient les chroniques mondaines pour les prochains mois.

Lorsque la limousine s'immobilisa et que Jerry en sortit, un grand silence se fit. Ils attendaient impatients de connaître sa cavalière. Ils ne furent pas déçus. Lorsque Nina sortit de la limousine dans sa longue robe marine en taffetas qui moulait son ventre rond de façon sublime, on aurait pu entendre une mouche voler. Elle portait ses saphirs pour l'occasion et ses cheveux étaient relevés en une coiffure sophistiquée. Jerry apprécia ce moment de grâce avant de s'élancer sur le tapis rouge sous les flashs qui fusaient de toute part. La foule applaudit chaleureusement leur arrivée.

Partout, on entendait crier : « Félicitation! C'est pour quand le bébé? » Ils avancèrent sur le tapis rouge main dans la main, souriants et ravis. Jerry était on ne peut plus fier de présenter au monde entier sa belle. Les photographes ne prirent que quelques secondes à remarquer le solitaire à l'annulaire de Nina.

Un journaliste muni d'un énorme microphone, style rétro, leur demanda :

— Jerry, Dr Grace, s'il vous plait... Voulez-vous répondre à quelques questions?

— Bien sûr... sourit Jerry, il accepta de parler à ce journaliste canadien, car il le savait respectueux des conventions.

— Vous attendez un enfant, c'est évident... Pouvez-vous nous en dire plus?

— Nous les attendons vers la mi-février.

— S'agirait-il de jumeaux?

— Oui.

— Et le mariage? On ne peut pas passer sous silence votre bague de fiançailles...

— Le mariage attendra, nous allons commencer par devenir parents et nous verrons par la suite!

Jerry continua son chemin en ne lâchant pas la main de Nina. Ce journaliste pourrait se vanter d'avoir été le seul à avoir l'exclusivité d'une entrevue.

Nina apprécia le film et la soirée qui suivit. Elle n'était pas habituée à toutes ces mondanités et elle en était le centre d'intérêt bien malgré elle. Jerry Buchanan fascinait bien des gens, même ceux du milieu... C'est pourquoi ce médecin d'Afrique enceinte de lui était véritablement le sujet de l'heure. Elle sentait tous les regards sur eux. Heureusement qu'il y avait Ethan et Carrie. Ils étaient habitués à tout cela et leur attitude calme et posée, comme si toute cette attention était naturelle, lui permit de survivre à la soirée.

Nina se sentait toujours nulle devant ces gens riches et célèbres, et ce malgré ses meilleurs amis et son amoureux qui en faisaient partie. Elle ne s'habituait pas à cet étalage de richesse et toutes ces futilités. Elle avait toujours vécu sobrement. Rien à voir avec la vie de jet-set de tous ces acteurs et producteurs millionnaires adorés du public. Nina avait peine à imaginer que l'homme qu'elle aimait faisait partie de ce monde...

Ils rentrèrent tôt, car Nina était fatiguée. Jerry était satisfait de la soirée, il savait qu'y amener Nina aurait l'effet d'une bombe. Il était tellement heureux que le monde soit témoin de son bonheur, car il avait été seul si longtemps... À la dernière cérémonie des Oscars, il n'avait eu personne avec qui partager son bonheur. Il ne manquait que le mariage pour que tout soit parfait. Heureusement, l'idée du Nouvel An n'éveillerait pas les soupçons, il en était certain. Les invitations étaient parties, et la discrétion la plus absolue avait été demandée.

CHAPITRE 27

Loch Lomond, Écosse

La dernière journée de tournage fut salutaire pour tout le monde. L'actrice qui tenait le rôle principal était une véritable diva et il avait trouvé difficile de taire l'exaspération qu'elle lui inspirait. Elle avait des exigences épouvantables et se comportait comme une véritable enfant gâtée. Elle entretenait une aventure avec le réalisateur et profitait de cette relation pour faire mousser son prestige.

Jerry pour sa part, avait prétendument une relation amoureuse avec une des actrices secondaires du film. Une photo, prise pendant un souper au restaurant de l'équipe de tournage le montrant lui parlant à l'oreille, avait été publiée. Son attitude vis-à-vis des tabloïds et des paparazzis avait changé. Il en avait glissé un mot à Nina, pour la photo, et elle en avait ri. Il était heureux de la confiance qu'elle lui témoignait et cela l'aidait à relativiser tout ça. Dans ce métier, il était facile de devenir complètement déconnecté de la réalité, c'est pourquoi il avait tant besoin d'elle. Elle était son ancre et qu'importe la tempête, il se sentait prêt à l'affronter.

La nuit était presque tombée quand il arriva à la maison. Le rez-de-chaussée était illuminé et il pouvait la voir à travers la fenêtre du petit salon, elle jouait du piano. Il se dépêcha à entrer sans bruit pour se diriger vers la musique. Elle s'arrêta quand elle l'aperçut et se leva pour l'accueillir. Son ventre semblait encore avoir pris de l'ampleur et il la serra tendrement dans ses bras.

— Les bébés aiment tellement la musique... Parfois, ils bougent tellement que cela devient carrément inconfortable! Si je me mets au piano et que je chante, ils deviennent calmes comme deux petits anges...

Il sourit en l'embrassant tendrement.

— As-tu faim? lui demanda-t-elle.

— De toi oui...

Ils étaient dans la cuisine, Jerry assis sur un tabouret. Nina cuisinait tout en écoutant distraitement le canal des infos à la télévision. Il l'observait préparer le repas, tandis qu'elle jetait des coups d'œil fréquents aux nouvelles qui défilaient constamment au bas de l'écran. Soudain, une information retint son attention : des prisonniers politiques retenus en Colombie par les forces armées révolutionnaires Colombiennes avaient été libérés après de longues années de captivité. Elle poussa un petit cri en laissant tomber l'assiette qu'elle tenait.

— Mon Dieu! cria-t-elle de surprise.

Elle fixait la télévision totalement pétrifiée. Jerry regarda l'écran, soudain inquiet.

— Qu'y a-t-il? demanda-t-il.

— Des prisonniers de la FARC ont été libérés...

À l'écran, un reporter parlait à la caméra tandis qu'en arrière-plan trois hommes descendaient d'un avion. « C'est avec surprise que nous apprenons aujourd'hui la libération de trois prisonniers qui ont été détenus par les forces armées révolutionnaires Colombiennes durant de nombreuses années. Il s'agit de John C. Myers, reporter de la chaine Fox enlevé en 2000. Les autorités avaient déclaré sa mort lors d'une tentative ratée de libération par l'armée américaine... » On vit les trois hommes assis à une table devant une série de micros, un homme barbu aux cheveux longs s'adressait aux journalistes. Il avait un léger accent espagnol. Nina reconnut son mari, John C. Myers qui disait : « Tout ce que je désire c'est de retrouver mon épouse, Virginia Myers »

Elle se sentit faible et Jerry accourut pour la soutenir craignant qu'elle ne s'évanouisse.

— John est vivant... marmonna-t-elle.

Elle se mit à sangloter tandis que Jerry la serrait dans ses bras.

— Calme-toi *muirnin*, prends de grandes inspirations.

Il l'aida à marcher et l'amena sur un divan dans la salle de séjour. Tranquillement, elle retrouva son calme, mais reniflait constamment. Jerry lui tendit un mouchoir.

— Il était *vivant* toutes ces années! Je n'arrive pas à y croire...

— Il semble qu'il ne t'ait pas oubliée, dit Jerry amèrement.

Cette nouvelle ne lui disait rien qui vaille... Cet homme avait dit vouloir retrouver sa femme. Ce pouvait-il qu'il la perde maintenant après tout ce qu'ils avaient vécu?

— C'est tout à fait normal, il a passé les dix dernières années à penser à moi en tant que sa femme... Il croit qu'il a une fille... Mon Dieu!

Elle réalisa soudain qu'il ne savait rien de ce qui lui était arrivé

CHAPITRE 28

Seattle, États-Unis

Elle n'était jamais revenue à Seattle depuis la vente de leur maison, à John et elle, en juin 2000. De l'aéroport, elle prit un taxi pour se rendre à la résidence des Myers. Durant tout le voyage depuis l'Écosse elle avait réfléchi à sa vie avec John avant ce jour fatidique. Jerry avait insisté pour l'accompagner, mais elle l'avait sommé de rester à Los Angeles afin qu'elle puisse vivre seule ces moments. Le doute l'assaillait... Si John était réapparu un an plus tôt, elle n'aurait pas hésité à se jeter dans ses bras...

Son mariage avec John paraissait si lointain comme s'il s'agissait de la vie d'une autre... Elle était heureuse qu'il soit vivant, mais en même temps elle n'était pas certaine d'avoir envie de le voir, son esprit s'embrouillait. Elle sondait ses émotions cherchant à définir ce malaise dans sa poitrine.

Elle avait dû téléphoner au bureau du père de John, Henry Myers, à Seattle, car elle n'avait aucun moyen de joindre John autrement. Henry avait été très froid et lui avait assuré qu'il transmettrait ses pensées à John. John n'avait pas tardé à la rappeler et son enthousiasme était communicatif, il voulait la revoir à tout prix. Elle avait trouvé difficile d'expliquer cela à Jerry qui manifestement était mécontent de la tournure des évènements.

Heureusement, Carrie était venue la retrouver dès leur arrivée à Los Angeles et elle avait pu parler à cœur ouvert.

Elle n'avait aucune idée de ce qui allait se passer entre son époux et elle. Car ils étaient encore mariés... Soudain, elle pensa aux préparatifs de son mariage avec Jerry et ses yeux s'embrouillèrent. Depuis la veille, elle revivait son passé et oubliait sa vie présente. Elle soupira et caressa son ventre en pensant à Jerry. Le taxi s'immobilisa, elle paya la course et se retrouva sur le trottoir devant la vaste demeure de pierre. Elle prit une profonde inspiration, leva la tête et avança d'un pas décidé.

John avait hâte de revoir Nina, sa Nina. Son souvenir l'avait hanté pendant des années. Même sa relation avec la jolie Maia n'avait pu lui faire oublier. Elle portait leur enfant lors de son enlèvement. Il avait su l'épisode du rapt et la demande de rançon qui avait échoué. L'histoire circulait qu'elle avait été laissée pour morte et qu'un vieil homme lui avait sauvé la vie. Impuissant, retenu prisonnier, il s'était senti coupable malgré tout. Il avait été comme un mort vivant pendant des mois, peut-être même des années... Il avait peu de souvenirs de cette période où on le forçait à manger, le gardant toujours en captivité. Peu à peu, la violence de ses ravisseurs avait diminué et ils avaient fini par lui laisser plus de liberté.

Les révolutionnaires étaient devenus un peu comme des amis et depuis quatre ans, il avait vécu en toute liberté au sein de la communauté de rebelles. Il avait décidé de rester, car il écrivait un livre et sa relation avec Maia était devenue plus sérieuse. Elle avait eu un petit garçon qu'ils avaient nommé Henry Aden. Le petit Aden était décédé d'une maladie mystérieuse l'année précédente alors qu'il avait trois ans. Maia l'avait quitté et était partie en ville. Les rebelles vivaient comme des nomades, se construisant des campements dans la jungle qu'ils délaissaient après quelque temps, se déplaçant constamment.

John entretenait une relation amour-haine avec le chef des rebelles. Ché, comme ils l'appelaient, lui avait redonné sa liberté, mais seulement au sein de leur communauté. Il lui avait fait savoir que s'il tentait de les quitter, ils le tueraient. John poursuivait l'écriture de son livre et Ché voulait en être la vedette.

Lors d'une opération militaire, il avait été libéré ainsi que deux autres otages qui avaient été détenus dans une autre cellule de la FARC. Il était de retour aux États-Unis et son père l'avait accueilli chaleureusement. Il apprit que Nina avait tout quitté pour partir vivre en Afrique. Il savait qu'elle avait une relation amoureuse avec un acteur d'Hollywood.

Quand il lui avait parlé au téléphone, il l'avait trouvée distante, hésitante. Il espérait qu'elle serait réceptive lors de leur rencontre. Il était conscient que depuis dix ans elle avait refait sa vie, mais il devait la revoir, car son amour pour elle n'était pas mort.

Il fut très surpris lorsqu'il ouvrit la porte, car sa grossesse était évidente. Il en resta bouche bée. Elle fut la première à parler, comprenant son trouble devant son ventre bien rond. Le choc passé, il la serra dans ses bras longuement. Elle pleurait doucement et il en fut ému.

— Tu es enceinte?

— Oui dit-elle platement. Oh John! sa voix faiblit. J'ai tellement espéré ce qui arrive, j'imaginais parfois que tu étais vivant... elle pleura encore.

Il la dirigea vers un divan et s'installa à ses côtés. Il lui tenait les mains et la regardait alors qu'elle gardait les yeux baissés, fuyant son regard.

— Je suis désolé de ce qui s'est passé, dit-il. Je n'ai pas oublié notre amour pendant toutes ces années, j'ai souvent pensé à toi et à la vie qu'on aurait pu avoir ensemble si je n'avais pas été aussi imprudent... Je te demande pardon de t'avoir fait souffrir...

— Cela ne sert à rien de regretter et de ressasser le passé John... Après ta disparition, j'ai perdu le bébé et je suis revenue ici, toute seule... Je suis partie en Afrique et avec notre argent j'ai construit un hôpital au Niger et un orphelinat. Cela m'a pris près de dix ans pour t'oublier... Dix ans!

— Je suis désolé... Je suis prêt à reprendre ma vie avec toi, si tu peux me pardonner, Nina je t'aime... il lui prit le menton la forçant à le regarder.

Il la scruta et elle vit son amour sur son visage, des souvenirs affluèrent à son esprit. Elle ne voulait pas céder et le laisser gagner du terrain. Il allait jouer la carte des sentiments, et elle se savait vulnérable.

— Je suis enceinte de Jerry Buchanan, lui dit-elle, espérant ainsi ériger une barrière contre lui.

Il ne réagit pas, elle se demanda s'il avait entendu. Il l'embrassa doucement, elle ferma les yeux, appréhendant le trouble délicieux qu'il avait toujours suscité chez elle. Mais elle ne ressentit aucun émoi à son contact. Il la relâcha en soupirant. Elle n'avait pas répondu à son étreinte.

Nina éprouva un énorme soulagement, tous ses doutes venaient de s'envoler avec ce baiser. Son amour pour John était chose du passé. Elle ferma les yeux un instant, toucha son ventre et eut une pensée pour Jerry. Elle reprit confiance en elle et le regarda dans les yeux.

— Écoute John, je suis fiancée… Je l'aime et… j'attends des jumeaux. Elle l'implora du regard. Je t'en prie, ne me déteste pas… Tu dois refaire ta vie sans moi maintenant.

— J'apprécie ta franchise, dit-il en détournant les yeux. Je vais demander à mon père d'entamer les procédures du divorce.

— Est-ce long? Ne put-elle s'empêcher de demander. Nous avions prévu de nous marier avant la naissance des bébés…

— J'imagine que cela peut se faire rapidement, dit-il froidement.

— John, puis-je te demander une dernière chose? Jerry est une célébrité et nous tentons de vivre normalement malgré la pression médiatique… nous… il faut…

— Je comprends, je n'ai pas l'intention d'étaler notre vie privée. Ne t'en fais pas avec cela...

Il la serra dans ses bras et elle ressentit une vive envie de pleurer. Elle avait l'impression de le rejeter alors qu'il était amaigri et affaibli et qu'il revenait d'un long séjour en enfer.

CHAPITRE 29

Loch Lomond, Écosse

Nina se préparait à sortir de la maison, Jerry l'attendait dans la voiture. Ils allaient faire des courses en ville et elle avait rendez-vous en après-midi pour une échographie. Ils espéraient découvrir le sexe des bébés, et elle attendait ce moment fébrilement depuis des semaines. La sonnerie du téléphone retentit il s'agissait de Carrie.

— Nina c'est toi? Enfin! Pourquoi ton cellulaire ne fonctionne-t-il pas? J'ai essayé celui de Jerry, mais c'est la boîte vocale...

— Mon cellulaire est hors d'usage, je vais devoir m'en procurer un autre. J'étais sur mon départ pour aller passer l'échographie...

— Ah oui! Tiens-moi au courant, tu m'appelles sans faute tout de suite après!

— Oui, je t'appellerai! Je dois partir maintenant.

— Non, attends! J'ai une nouvelle extraordinaire! Je viens de recevoir une lettre à ton nom qui vient de Stockholm et selon notre entente, je l'ai ouverte...

— Et puis?

— Ta candidature a été retenue! Tu as gagné le prix Nobel alternatif pour ton aide auprès de la communauté nigérienne! Je te lis : Dre Virginia Grace, nous avons l'honneur de vous compter parmi nos lauréats de 2010. Votre dévotion, votre courage et votre travail formidable auprès de la communauté nigérienne et des femmes... Bla, Bla, Bla, grand bénéfice pour l'humanité... Bla, Bla, Bla... vous êtes un exemple en démontrant par vos actions qu'il est plus est sain d'agir pour remédier à l'insupportable que de continuer à en être les simples spectateurs. J'en passe... je vais te la scanner et te l'envoyer par courriel.   Vous êtes cordialement invitée le 9 décembre 2010 au Parlement de Stockholm... C'est merveilleux, ma chérie!

Nina sentait son cœur battre dans ses tempes, elle fut obligée de s'asseoir. Jerry était rentré dans la maison, se demandant ce qu'elle faisait.

— Mon Dieu! Elle avait mis la main sur sa bouche.

Inquiet, Jerry se mit à genou devant elle, elle le regarda en souriant. Il se sentit soulagé aussitôt et attendit.

— Le 9 décembre, tu as dit...   Il faut que Mariama vienne aussi, elle doit venir avec moi et Alex...

— Oui et tu peux être certaine que je serai là aussi pour assister à ton triomphe... Ma chérie tu le mérites vraiment... Bon, je t'envoie la lettre tout de suite, rappelle-moi après l'échographie!

— Oui... et elle raccrocha.

— Qu'est-ce qu'il y a *muirnin*? dit-il doucement.

Le prix Nobel alternatif, nommé comme cela en français, était en fait un prix donné au Parlement de Stockholm qui n'avait rien à voir avec le Prix Nobel. Il s'agissait du « Right Livelihood Award » qui récompense les personnes qui travaillent, à un niveau plus local, à chercher des solutions aux défis les plus urgents de ce monde sans que ce soit dans les domaines scientifiques traditionnels. Ce prix était un pied de nez aux Nobels qui étaient remis à pareille date annuellement. Les fondateurs voulaient en faire une distinction plus humanitaire avec une attribution moins régentée par des règles rigides.

Jerry en fut heureux et surtout très fier. Nina quant à elle, était très modeste. Elle disait que ce n'était pas seulement pour elle, mais également pour ses amis... Jerry ne la contredit pas, mais c'était tout de même elle qui avait donné toute sa fortune et une partie de sa vie pour cette cause! Elle était si généreuse toujours prête à tout donner, se contentant de peu. Parfois, ça pouvait être exaspérant, car elle se dévalorisait alors qu'elle était parfaite et que pour lui personne ne lui allait à la cheville...

Nina pensait à son avenir, elle aurait deux superbes bébés et elle voulait profiter de sa maternité au maximum. Mais elle se sentait déchirée, ce prix lui rappelait son projet des cliniques de maternité et maintenant qu'elle serait récompensée de cette façon, elle ne pouvait pas laisser tomber la cause... Les enfants naitraient en février peut-être avant, elle pourrait aller au Niger en mai, le temps qu'ils reçoivent les vaccins. Si Jerry acceptait qu'elle amène les jumeaux, sinon, elle irait seule au moins pour démarrer le projet. Elle reviendrait puis retournerait, aussi souvent que nécessaire, Jerry n'aurait pas le choix d'accepter. Elle était médecin, elle ne pourrait pas laisser tout tomber parce qu'elle avait des enfants... Oui, continuer à travailler en Afrique n'était peut-être pas réaliste, se dit-elle... Car pour le moment, elle ne pouvait même pas y mettre les pieds...

Ils arrivèrent en avance à la clinique et ils passèrent avant leur rendez-vous prévu. Ils étaient comme deux enfants excités. La technicienne commença l'examen en sondant l'abdomen de Nina, ils fixèrent l'écran d'un air anxieux. Elle prenait différentes mesures et leur expliquait ce qu'ils voyaient tout au long de l'examen : le cœur, le cerveau, les membres, les reins, la vessie, tout semblait normal sur chacun des bébés.

— Voulez-vous connaître le sexe?

— Oui! S'il vous plaît... Voyez-vous quelque chose? demanda Jerry.

— Oui, ici c'est un petit garçon, voyez ici c'est son pénis et l'autre... je la voyais tantôt, mais elle a bougé... Voilà, c'est une petite fille...

Ils furent totalement subjugués de bonheur, Jerry riait tout en embrassant Nina, il était tellement heureux. Nina, quant à elle, pensa à Jerry et sa sœur jumelle... Elle eut un petit moment de tristesse puis la joie emplit complètement son cœur.

Ils quittèrent la clinique et prirent la direction de la maison familiale des Buchanan. Jerry voulait passer voir sa mère afin de lui annoncer les nouvelles de vive voix, pour les bébés et pour le prix « Right Livelihood Award ». Il se dit que c'était comme un Oscar, il s'agissait de la consécration de la carrière de Nina. Elle fut d'accord avec lui sur ce point.

— Est-ce que tu penses à Caitlin? lui demanda-t-elle dans la voiture.

Surpris, il la regarda et fixa la route d'un air absent.

— Il est certain que le fait qu'on attende un garçon et une fille, cela me fait penser à elle... J'étais proche de ma sœur, elle a été ma confidente toute mon enfance. À l'adolescence, nous nous sommes éloignés... Lorsqu'elle a commencé à fréquenter les garçons, j'avais tendance à être trop protecteur et elle m'a remis à ma place. Je n'approuvais pas son choix de petit ami. C'était un délinquant qui profitait d'elle... Quand le petit Adam Boulter est décédé, elle a vécu un véritable enfer. Puis a suivi une enquête policière qui a attiré une grande attention médiatique. Ça a été une dure période pour toute la famille. Son petit ami, un véritable sans-cœur l'a quittée. Elle s'est mise à boire et à consommer de la drogue. Je me suis querellé avec elle à plusieurs reprises. Elle aurait dû fréquenter l'université comme moi au lieu de cela, elle ruinait sa vie. C'était alors ma vision des choses. En fait, je n'avais pas compris à quel point elle souffrait et je m'entêtais à lui faire la morale. J'étais intransigeant à son égard... Je regrette tellement, j'aurais dû lui dire que je l'aimais au lieu de la réprimander...

— Tu étais jeune, mon amour, tu as agi pour le mieux selon tes capacités du moment. Aujourd'hui, tu analyses tout ça comme un homme de quarante et un ans... Ne sois pas trop dure avec le jeune Jerry de vingt ans... Il aimait sa sœur de tout son cœur et il voulait son bien par-dessus tout...

— Tu as raison... Je ne peux pas en vouloir à ce jeune Jerry, comme tu dis... J'étais sans expérience de la vie et j'étais tellement ambitieux! Je n'avais aucune idée comment aider quelqu'un qui s'enfonce dans la dépression et la consommation...

Il la regarda en souriant.

— Tu trouves toujours les mots pour me faire du bien.

Deirdre les accueillit avec chaleur et ils ne purent refuser son offre de rester pour le diner. Elle invita Cécilia qui allait venir avec Ian et les filles, et réussit même à convaincre Glenn de venir avec Lucas. Elle aurait tout son petit monde réuni pour commencer ce week-end tout en beauté. Ils passèrent tous ensemble une merveilleuse soirée. Jerry dut empaqueter le coffre de la voiture avec l'aide de Glenn. Sa mère avait fait le ménage et elle lui renvoyait toutes ses babioles et ses livres qui étaient restés dans la maison depuis des années. Nina avait hâte de vider les boîtes et en apprendre plus sur son amoureux. Quel genre d'adolescent il avait été, quels étaient ses rêves... Et il y aurait des livres dans la bibliothèque, signe qu'il habitait désormais la maison du loch.

Le 6 novembre était le jour d'anniversaire de Jerry et pour ses quarante-deux ans, son frère et sa sœur lui organisèrent une partie surprise dans un pub d'Helensburgh. Ils invitèrent tous ses amis de longue date et plusieurs membres de la famille. Il n'avait pas eu autant de plaisir depuis des années et ce fut l'occasion pour lui de leur présenter Nina. Cette dernière apprécia grandement la soirée, elle apprit beaucoup de choses sur son amoureux. Des anecdotes concernant ses années dans l'équipe de rugby et surtout, sur ses relations avec les filles. Elle rencontra sa première petite amie, une charmante maman de deux enfants qui avait épousé un cousin de Jerry.

Elle avait trouvé très difficile de lui trouver un cadeau. Quoi offrir à un millionnaire quand on a soi-même des revenus modestes? Elle avait finalement décidé de lui peindre une toile. Durant ses voyages au Canada pour son tournage, elle en avait profité pour s'installer dans le solarium, car elle y aimait la lumière. Elle avait une vue magnifique sur le Loch et près du rivage quand elle regardait vers le nord elle pouvait voir le sommet du mont Ben Lomond. Elle avait peint ainsi plusieurs toiles, une qui représentait les splendeurs matinales du Loch Lomond avec sa brume habituelle, une autre qui représentait Buchanan House, la maison sur le Loch se nommait ainsi, et une autre qui représentait les ruines de Buchanan Castle. Le château se trouvait dans la forêt, envahi par la végétation, mais on y voyait encore une allée de fleurs qui bordait le chemin qui y menait. Elle avait peint celle-là comme dans son souvenir du mois de juin alors que tout était en fleurs et en verdure. Il fut très surpris de ses présents et apprécia grandement leur valeur sentimentale. Ils accrochèrent celle de Buchanan House dans le grand hall d'entrée, celle des ruines de Buchanan Castle dans la petite salle de séjour au-dessus de la cheminée tout près du piano et celle du Loch Lomond dans leur chambre.

CHAPITRE 30

Stockholm, Suède

Stockholm en décembre... La neige ajoutait au charme de cette ville portuaire, sise sur un archipel d'îles. On l'appelait la Venise du Nord. Au-delà de l'entrelacs des ponts et d'échangeurs qui se chevauchaient au-dessus du lac Malar et de la mer Baltique, ils découvrirent une ville magnifiquement construite. Carrie avait tenté de réserver des suites au Grand Hotel de Stockholm, mais tout était déjà réservé pour la remise des Prix Nobel du 10 décembre. Ils choisirent de loger au Hilton. Nina préférait cela, il y aurait moins de brouhaha et de foule. Du moins le croyait-elle... Elle n'avait pas réalisé qu'elle était maintenant une vedette et avec les évènements des dernières semaines, elle était véritablement sur la sellette. Nombre de journalistes et photographes les avaient suivis jusqu'en Suède. Si ce prix Nobel alternatif qui gagnait à être connu manquait de publicité, il en aurait pour son argent avec cette lauréate.

Personne de leur troupe n'y avait mis les pieds auparavant, ce qui en faisait une destination exceptionnelle. Ils arrivèrent le 8 décembre, la cérémonie étant prévue le lendemain. Ils regrettèrent tous de ne pas être arrivés plus tôt pour profiter de la ville, car leur séjour allait être court. L'hôtel était superbe, la décoration n'était pas trop lourde, Nina aima beaucoup. Ils dînèrent tous ensemble au restaurant de l'hôtel et elle fut extrêmement heureuse de retrouver ses amis, car ils lui avaient manqué.

La situation au Niger s'était améliorée, Alex avait pris sa place à la tête du conseil des médecins de l'établissement. Financièrement, l'hôpital se portait très bien. Mariama et lui avaient prospecté pour acheter des terrains en vue de la construction de deux Cliniques des femmes en milieu rural. L'an dernier, une seule avait vu le jour et les affaires allaient bon train. Ils étaient actuellement en recrutement de sages-femmes et d'infirmières. Nina se sentait exclue du processus, mais sa grossesse et son mariage prochain l'aidaient à faire passer la pilule.

Mariama lui demanda son avis sur tout, elle avait des plans à lui montrer qu'elle avait laissés dans sa chambre, Nina était impatiente de les regarder. Heureusement, la présence de Jerry à ses côtés l'aidait à garder les pieds sur terre et les bébés qui bougeaient en ce moment même la ramenèrent rapidement à sa réalité de future maman. Elle grimaça de douleur en se frottant l'abdomen.

— Ils bougent beaucoup *muirnin*?

Jerry savait qu'après le repas, ils pouvaient devenir agités, surtout un en particulier... Il mit sa main chaude sur l'abdomen de Nina et elle la déplaça à l'endroit névralgique, le bébé se calma aussitôt. Ils ne savaient pas pourquoi, mais dès que Jerry touchait les bébés, ils devenaient tranquilles et ne bougeaient plus. Jerry au début n'avait pas tellement apprécié, car il n'avait jamais pu les sentir bouger. Parfois, il voyait tout son ventre se déformer et même un petit pied passer... Mais dès qu'il touchait Nina, ils devenaient de véritables statues. Nina, par contre, appréciait, surtout quand elle était inconfortable comme maintenant.

— Je ne sais pas pourquoi, mais dès que leur papa les touche ils deviennent tranquilles...

— Parlez-moi de ça des enfants qui respectent l'autorité paternelle! dit Ethan en riant. Moi avec mes enfants, je n'ai jamais eu ce pouvoir...

Jerry sourit de sa blague, il était si heureux de la grossesse de sa femme et de l'arrivée prochaine des bébés. Il savait que sa vie serait changée à jamais, mais il attendait tout de même cet instant avec bonheur. Nina serait une maman merveilleuse, il avait hâte de la voir avec leurs bébés dans les bras, cette douce image le fit sourire tendrement. Il lui prit la main et embrassa tendrement l'intérieur de son poignet. Elle déposait toujours une goutte de parfum sur ses poignets, c'est pourquoi il aimait l'embrasser à cet endroit quand il ne pouvait l'embrasser plus intimement et humer son parfum. Il avait hâte de retrouver leur suite...

Ils eurent de longues discussions sur la vie en Afrique, Alex se remémora le jour de sa rencontre avec Nina.

— Elle est arrivée avec un convoi de Casques bleus, je savais qu'un médecin devait se joindre à nous, mais Virginia Grace, ça ne me disait rien... Dès son arrivée, elle sema le trouble dans les troupes... Grande, mince, très belle et tellement gentille... Tous les hommes ne parlaient que d'elle.

— Ce n'est pas vrai! J'avais fait couper mes cheveux courts comme un homme, je ne portais que des t-shirts, des pantalons kaki et une casquette...

— Si, je te le dis! insista Alex. Au début, il y avait toute sorte de rumeurs... La plus drôle était que tu étais une transsexuelle... Tu ne parlais pas, donc ils croyaient que tu essayais de camoufler ta voix...

— Quoi? Nina s'étrangla avec sa gorgée.

Tout le monde éclata de rire.

— Mais après quelques jours, tout est rentré dans l'ordre. Ils ont bien vu qu'on avait affaire à un véritable médecin et qui avait tout un caractère!

— Comment ça?

— Tu ne t'en laisses pas imposer et quand il s'agit du bien-être d'un patient tu peux être très intransigeante... As-tu l'intention d'abandonner la médecine? Si oui, je pense que ce sera une grande perte...

— Mais non pas du tout! Nous ne sommes pas au 18e siècle, les mères peuvent travailler même si elles ont des enfants!

— Tout à fait! répliqua Carrie. Je n'ai pas abandonné ma carrière parce que j'ai quatre enfants! Quand ils sont bébés, on doit arrêter un certain temps, mais par la suite...

— Nina pourra continuer de pratiquer la médecine, nous engagerons une nounou, dit Jerry.

Nina sentit son cœur se serrer, elle ne pouvait pas imaginer laisser ses bébés à une étrangère... Ils finirent le repas sur une note légère, Ethan racontait des anecdotes très drôles sur sa première visite au Niger et sa rencontre avec Lionel. Ce dernier était un véritable personnage, il lui était arrivé toute sorte d'aventures abracadabrantes. Il était un être tellement attachant, Nina demanda de ses nouvelles, car il lui manquait.

À la fin du repas, elle voulait aller voir les plans dont Mariama lui avait parlé. Jerry les invita dans leur chambre pour prendre un verre et ainsi Nina pourrait jeter un coup d'œil aux fameux plans. Ils se retrouvèrent dans leur immense suite luxueuse située au dernier étage, Mariama montra les plans et discuta longuement avec Nina et Carrie. Pendant ce temps, les hommes sirotaient un verre en discutant tranquillement.

Jerry et Ethan étaient comme larrons en foire, ils se connaissaient depuis plus de dix ans et avaient travaillé ensemble à plusieurs reprises. La soirée fut agréable et divertissante. En fin de soirée, Jerry fut content de discuter avec Alex, car il y avait longtemps qu'il voulait faire plus ample connaissance. Il se rendit compte qu'il se rangeait de son avis sur plusieurs points. Alex aimait vraiment Nina et voulait d'abord son bonheur, il ne put en douter.

Alex quant à lui, avait eu un choc en voyant Nina. Sa grossesse l'avait complètement transformée, elle était vraiment resplendissante et il savait que c'était grâce à Jerry. Ce dernier la rendait réellement heureuse et il dut bien admettre qu'il était content pour eux. Il aimait Nina d'un amour profond, indescriptible. Il voulait son bonheur, mais il souffrait d'être séparé d'elle, car elle lui manquait. Quand finalement les invités se retirèrent pour retrouver leurs suites respectives, Jerry fut heureux de se retrouver seul avec sa dulcinée.

— Es-tu nerveuse pour demain?

— Très! Je ne sais pas à quoi m'attendre...

— Je te vois encore partir à la rencontre d'une meute de paparazzis pour les chasser de chez moi, je pense que tu vas être capable de bien gérer la situation...

— Il est certain que j'ai connu pire stress dans ma vie, mais là c'est différent... Je n'aime pas être sur la sellette... Ça me rend vraiment mal à l'aise...

— Tu es trop modeste, *muirnin*... Moi, je suis vraiment heureux de ce qui t'arrive, tu mérites ces honneurs. Je suis si fier de toi, avec ce prix c'est comme si le monde entier allait enfin reconnaître ce que tu as accompli pendant toutes ces années. Et toi, tu vas monter sur ce podium, avec ton ventre tout rond comme un fruit mûr... Tu seras superbe! Je t'aime...

Il l'embrassa tendrement et ils se rendirent dans leur chambre pour se déshabiller et faire l'amour fébrilement. Nina sombra dans un sommeil peuplé de rêves, elle se retrouvait sur un podium pour recevoir le prix et elle perdait les eaux, un véritable fiasco.

Le Parlement suédois, appelé Riksdag était situé sur une île nommée Helgeandsholmen. Il s'agissait du seul bâtiment de l'île. Cette île ainsi que deux autres constituaient Gamla Stan, la vieille ville de Stockholm où l'on retrouvait, entre autres, le Palais Royal. On pouvait visiter tout cela à la marche. De l'Hôtel Hilton au Parlement, il s'agissait d'à peine vingt minutes de marche, mais Jerry préféra le taxi. Nina était déjà très nerveuse, il ne voulait pas la fatiguer.

Le Riksdag était un grand édifice à l'architecture scandinave. Dans la salle du parlement, un grand amphithéâtre, on retrouvait les sièges des députés par paire. Ils avaient des sièges attitrés, Jerry serait assis à côté de sa douce. Mais pour le moment, elle était derrière une lourde porte de bois avec les autres lauréats et des membres du parlement. Il était nerveux malgré tout et il se dit qu'elle devait l'être plus que lui. Il se tourna pour saluer les autres qui étaient assis au fond de la salle. Nina et lui avaient une place à l'avant.

Soudain, une porte s'ouvrit et toute l'assistance se leva d'un seul mouvement. Un quintette à cordes s'avança composé de cinq enfants qui s'installèrent au centre de la salle et jouèrent une pièce au violon. Il s'agissait des Canons de Pachelbel, une pièce que Jerry avait toujours aimée. Puis le groupe s'avança et il la vit, les larmes lui picotèrent les yeux. Elle était si belle dans sa robe rouge-bordeaux, le décolleté était discret, mais son ventre était mis en valeur par un savant drapage. Cette couleur lui allait à ravir avec sa chevelure brune et son teint clair. Car après quelques mois en

Écosse, elle avait perdu son teint bronzé. Elle vint le rejoindre et s'installa à ses côtés.

Il y eut un discours d'ouverture prononcé par deux membres du Parlement. Puis le fondateur du « Right Livelihood Award », prononça un discours de présentation de l'œuvre de chacun des lauréats.

Ils étaient quatre. Le premier était un Américain qui militait pour les changements climatiques et qui avait fondé un mouvement de recherche et de lobbying afin de rallier les gouvernements à cette cause. Le deuxième était un Soudanais qui militait pour la paix, qui avait été emprisonné pendant des mois et après sa libération avait continué sa bataille. La troisième était une femme politique qui avait fait avancer la cause des femmes en Inde, et malgré la menace, elle continuait de mener son combat afin que les femmes puissent avoir les mêmes droits que les hommes. La quatrième, Nina, était une médecin américaine qui avait consacré ces dix dernières années à soigner les malades au Niger, elle avait réussi à construire seule une clinique pour les femmes puis elle avait convaincu l'ONU et la Croix Rouge de l'aider à construire un hôpital qui possédait maintenant 300 lits. Les soins dispensés étaient gratuits pour tous.

Lors de la présentation du lauréat, on lui remettait la plaque commémorative et une bourse de 250 000 euros. Un trompettiste jouait une petite tirade de vainqueur à chaque prix remis. Le lauréat avait alors la parole pour faire son discours.

Nina s'était préparé un discours écrit, mais elle n'en lut pas un mot. Elle se laissa emporter par l'inspiration du moment. Elle raconta son arrivée au Niger, sa rencontre avec Mariama, une femme exceptionnelle qui l'avait accompagnée tout au long de ces années. Elle raconta la souffrance qu'elle y avait vue, le besoin d'un hôpital pour la population, l'accès aux soins de santé qui était inexistant. Elle mentionna qu'elles voulaient, Mariama et elle, continuer leur mission qu'elles s'étaient donnée en fondant la 1re Clinique des Femmes. Les femmes nigériennes avaient des besoins immenses. Les Cliniques de femmes avaient pour mission l'éducation sur la régulation des naissances, la nutrition des enfants, l'allaitement, des suivis de grossesse et surtout, donner à toutes femmes un accouchement sécuritaire. Les statistiques de mortalité maternelle et infantile pendant l'accouchement dans les régions étaient alarmantes. Elle remercia le Dr Alex Stuart qui avait fondé le bloc opératoire de l'Hôpital de l'Espoir et qui y travaillait de façon bénévole depuis 8 ans, et ce plus de douze heures par jour.

Elle termina en se reculant du lutrin afin de mettre son ventre bien en évidence.

— Ceci est la raison, dit-elle en enserrant son ventre dans ses mains, pour laquelle nous devons continuer notre mission... Les

324

enfants sont notre avenir et les femmes qui leur donnent naissance et qui les éduqueront sont, ce qu'il y a de plus important sur cette terre.

Il y eut un tonnerre d'applaudissements et elle essuya ses larmes. Elle retourna vers Jerry qui la serra fort dans ses bras, suivi de Mariama, Alex, Carrie et Ethan. À leur sortie du parlement, il y avait quelques journalistes américains et britanniques pour les interviewer elle, Jerry, Carrie et Ethan. Ils répondirent à leur question avec grâce, Jerry voulait que l'œuvre de Nina soit reconnue, c'était son moment de gloire.

CHAPITRE 31

Loch Lomond, Écosse

Les préparatifs de la fête de Noël remplirent Nina d'allégresse. Enfant, elle avait adoré cette période de l'année et elle chérissait tous les souvenirs qui s'y rapportaient. Toutes ces années en Afrique, où elle n'avait pas fêté Noël, lui avaient fait oublier à quel point elle aimait ces célébrations. Seule au monde, sans famille, cette fête n'avait alors plus d'intérêt.

Ils décorèrent la maison avec un sapin que Jerry avait coupé dans la forêt. Il était si imparfait avec ses branches inégales et ses trous béants qui laissaient voir le tronc, que Nina le trouva encore plus vrai que dans ses souvenirs. Elle tenta de cacher les trous avec des bricolages et dessins que leurs nièces avaient donnés à Nina. Ils le décorèrent avec des boules de Noël et autres pacotilles qu'elle avait achetées. Elle lui fit faire des guirlandes de maïs soufflé et elle y accrocha des bonbons de sucre d'orge. Il avait pris des photos de Nina pendant toutes les étapes. C'était leur premier Noël en amoureux et il réalisa que ce serait le seul, car dès l'an prochain, ils seraient quatre!

Pour ses emplettes de Noël, elle avait demandé à Deirdre de l'accompagner en ville. Cette dernière ne se fit pas prier. Elles coururent les magasins toute la journée, le temps était froid et humide, une bruine fine tombait sur la ville. Elles s'étaient rendues à Glasgow pour l'occasion.

Nina avait vu un antiquaire sur leur chemin, elle demanda à Deirdre de s'y arrêter. Elle déambula dans la brocante, curieuse de voir tous les objets qu'on y trouvait. Elle dénicha un jeu d'échecs sculpté dans le bois : les pions étaient des highlanders en kilt, les tours étaient en fait des *brochs* et les cavaliers étaient des highlanders à cheval. Les pièces étaient magnifiques et selon le brocanteur, il avait été sculpté il y avait plus de deux cents ans. Nina décida de l'acheter pour Jerry. Elle trouva également de vieux tableaux poussiéreux tout au fond de la pièce, ils étaient collés contre le mur derrière un secrétaire. Elle demanda s'ils étaient à vendre.

— Il dit que tout est à vendre ici, dit Deirdre. Il faut que négocier les prix, laisse-moi faire...

Nina regarda chacun des tableaux, certains étaient très abimés. Elle repéra rapidement un intriguant portrait. Un tableau représentant une lady assise avec un highlander debout derrière elle et un chien assis à leurs pieds retint son attention. On pouvait lire sur une plaque ternie au bas du tableau : « Laird William Buchanan, Lady Erlina 1748 ». Elle sentit son cœur s'affoler. Elle sortit le grand tableau tant bien que mal de la pile, Deirdre dut lui porter main forte. Elles le regardèrent médusées. Nina reconnut l'homme de son rêve, le kilt était identique et ses cheveux étaient longs et bouclés. La femme semblait rousse avec les cheveux remontés en chignon. Les couleurs s'étaient un peu estompées, le nez était fin, légèrement retroussé et les lèvres pleines. La ressemblance avec Jerry était flagrante.

— Mon Dieu! murmura Nina.

— Ils vous ressemblent... C'est curieux, dit Deirdre d'un air perplexe.

— Oui, je le ramène à la maison, c'est sûrement de là qu'il vient...

— Oui...

Deirdre ne savait pas quoi penser. Effectivement, Jerry et Nina habitaient la maison des Buchanan et ce tableau ne pouvait que venir de là... Nina paya l'antiquaire sans discussion. De toute façon, l'argent n'avait pas d'importance, il en aurait demandé des milliers de dollars qu'elle aurait payé sans poser de questions. Elle était si excitée qu'elle ne savait pas si elle pourrait attendre jusqu'à Noël.

Les préparatifs du mariage atteignirent leur apogée dans la semaine avant Noël avec les essayages usuels. L'habit traditionnel, kilt, sporran, bas, chemise avaient été faits sur mesure pour Jerry et Glenn, qui serait son témoin. Heureusement, Deirdre s'occupait des divers détails à finaliser; visite chez le pâtissier, chez la fleuriste pour dernière vérification, cadeaux pour les invités et décorations de la salle de réception.

Nina était dans la salle d'essayage avec Cécilia qui tentait d'attacher toutes les minuscules perles qui fermaient le dos de sa robe. De l'autre côté de la porte, Deirdre ne pouvait s'empêcher de manifester son impatience.

Nina sortit et monta sur le petit podium au milieu des miroirs. La robe était parfaite, blanche, vaporeuse et soulignait son ventre à la perfection. Elle était faite de voilage, le corsage en cache-cœur mettait en évidence sa lourde poitrine et soulignait son ventre magnifiquement. Le derrière de la robe épousait son dos nu et des mini-perles refermaient la robe en descendant jusqu'à ses reins. Deirdre en eut les yeux humides, même Cécilia se sentait au bord des larmes. Nina était resplendissante, Jerry serait tellement heureux. Deirdre était tellement fière de sa bru, la grossesse la rendait tout simplement radieuse.

CHAPITRE 32

Loch Lomond, Écosse

Dans la semaine suivant Noël, il avait neigé presque tous les jours. Au grand plaisir de Nina, la neige resta et recouvrit d'un épais tapis tout le domaine. Elle aimait y faire des promenades, entendre la neige craquée sous ses pas et par-dessus tout, elle appréciait le silence de la forêt. L'isolement de la maison du loch ne la dérangeait pas outre mesure, et même que la journée où la femme de ménage venait, elle se sentait envahie. Jerry voulait engager une nounou pour les aider à prendre soin des enfants, mais elle ne voulait rien entendre. Hors de question qu'une étrangère prenne soin de ses bébés, et surtout, qu'elle vienne vivre sous leur toit. Elle tenait mordicus à leur intimité. Deirdre s'était alors proposée pour venir vivre avec eux pendant quelque temps après la naissance des enfants. Nina avait tout de suite accepté et Jerry en fut soulagé.

Tout en marchant dans les sentiers du domaine, elle repensait à leur premier Noël en souriant. La veille de Noël avait été une vraie fête chez Deirdre avec toute la famille. Puis le lendemain matin, Jerry et elle, avaient ouvert leurs cadeaux. Il lui avait donné un collier d'émeraude avec des boucles d'oreilles assorties puis il l'avait vraiment surprise avec un cadeau inattendu. À première vue, elle n'avait pas compris qu'elle tenait un acte de propriété dans ses mains, mais lorsqu'elle vit qu'il s'agissait de *La Villa du soleil* elle s'était jetée à son cou. Il lui avait fait promettre de ne jamais retourner là-bas sans lui, ce qu'elle avait fait un peu à contrecœur. Ensuite, elle lui avait donné le jeu d'échecs de Highlanders, et il en avait été ravi. Mais le summum fut le tableau du Laird William et Lady Erlina. Jerry était resté figé puis l'avait regardé d'un air interrogateur.

— Je l'ai trouvé chez un antiquaire dans le fond de la boutique avec tout de sorte de brocantes... Regarde, je te jure que ce sont l'homme et la femme de mon rêve! Quand je me suis vue dans la glace avant de me rendre à la chapelle, c'est l'image que j'ai vue, et l'homme c'est celui que j'épousais dans mon rêve. Il te ressemble étrangement. C'est vraiment bizarre...

— C'est vrai qu'il me ressemble... Si on se fie à la date « 1748 », ce tableau a dû être ici dans cette maison, car Sir William Buchanan est celui qui a construit cette maison en 1747. Viens... On va l'accrocher au-dessus de la grande cheminée.

Il avait décroché le paysage des landes écossaises pour y suspendre le tableau à la place. Ils l'avaient admiré tous les deux pendant longtemps, intrigués de cette trouvaille.

Le 29 décembre, Carrie, Ethan et les enfants arrivèrent à la maison du loch. Juanita les accompagnait. Jerry et Nina furent heureux de les accueillir dans leur demeure. Jerry avait organisé tout l'étage pour recevoir les enfants, les filles dans la chambre rose, les garçons dans la chambre bleue, Juanita dans la chambre blanche et Ethan et Carrie occuperait le loft du troisième étage. La chambre de Jerry et Nina était dans l'autre aile.

Ils furent émerveillés par la maison. Les enfants ne perdirent pas de temps à découvrir la salle de jeux au-dessus des garages.

— C'est un véritable manoir... dit Carrie.

— Attends de voir le domaine et le loch. Il y a plus de cent hectares de forêt avec des sentiers. Je n'ai même pas encore fait le tour complet... dit Nina.

— La maison a trois cents ans, dit Jerry. Venez, je vais vous montrer la vieille partie, la cheminée est d'origine...

Il les amena dans la salle de séjour.

— Le tableau aussi j'imagine, dit Carrie.

— Oui, c'est moi qui l'ai acheté! énonça Nina. Je l'ai trouvé chez un antiquaire... L'homme qu'on y voit est celui qui a construit la maison en 1747... Il y a eu un incendie qui a complètement ravagé la maison d'origine qui datait du treizième siècle, n'est-ce pas chéri?

— Tout est exact, tu as raison. La première maison était en fait un château qui a été détruit par les Anglais... On peut voir les ruines à environ un kilomètre dans les bois là derrière, dit-il en indiquant la forêt par la fenêtre.

Nina le regarda surprise, il ne lui avait pas raconté cela. Pourquoi les Anglais avaient-ils détruit leur demeure? Il fallait qu'elle s'informe sur l'histoire des Buchanan...

Ils passèrent une merveilleuse fin de journée en compagnie de leurs amis. Les enfants se couchèrent tôt, car ils étaient épuisés du voyage. Nina passa beaucoup de temps dans la chambre rose à discuter avec les filles et surtout la petite Zara. Elle était assise dans le grand lit avec les deux fillettes pour leur lire une histoire. Elle dut par la suite, leur chanter une berceuse pendant que Carrie attendait son tour, assise dans le fauteuil près de la fenêtre. Finalement, elle sortit de la chambre et croisa Jerry qui avait ouvert la trappe du plafond et avait enclenché le mécanisme afin qu'elle reste ouverte de façon permanente le temps de leur séjour. Il s'agissait en fait des escaliers qui montaient au troisième étage.

— Tu vas être une merveilleuse maman, *muirnin*... Est-ce que tu réalises que tu vas chanter pour nos enfants très bientôt? demanda-t-il en la serrant dans ses bras.

Il l'embrassa tendrement et elle répondit à son baiser, Ethan les interrompit pour passer avec des valises.

— Aïe! Gardez vos ardeurs pour la nuit de noces!

— Ne t'inquiète pas pour ça! lui dit Jerry.

— À lui voir le ventre, on voit bien que vous ne manquez pas d'ardeur! Taquina Carrie en sortant de la chambre des filles.

Ils rirent tous les quatre, puis Carrie suivit Ethan à l'étage supérieur. Elle était contente que Nina leur ait réservé le loft, ils avaient bien besoin de se retrouver seuls tous les deux... Avoir quatre enfants et être mariée à un bourreau de travail, ça ne laissait pas beaucoup de temps en amoureux.

Jerry monta pour leur souhaiter bonne nuit et leur dire de ne pas redescendre, il voulait qu'ils profitent des installations et qu'ils se reposent pour le lendemain. Nina vint également les embrasser et redescendit rapidement avec Jerry sur les talons. Ils étaient si beaux à voir elle, enceinte jusqu'aux yeux et lui, la couvant du regard constamment.

— Ils ont tellement l'air amoureux... Je suis si contente pour elle, affirma Carrie.

— Oui, je me demande pourquoi je n'ai jamais pensé à les présenter avant?

— Peut-être parce qu'elle habitait en Afrique et qu'elle repoussait les hommes! C'est incroyable que ces deux-là soient ensemble, soupira-t-elle.

— Il leur fallait une seule rencontre pour ce soit le coup de foudre... Comme nous, ma chérie...

Elle était de l'autre côté du grand lit, il vint la rejoindre pour l'enlacer. Elle soupira de bonheur, elle l'aimait tellement. Ethan Murray était d'une beauté ravageuse, blond aux yeux bleus, un corps de rêve, une gueule de jeune premier. Il avait maintenant plus de quarante ans et son charme était resté intact, même qu'avec l'âge elle le trouvait de plus en plus séduisant.

Il prit sa femme dans ses bras et fut heureux de sa réaction, même après douze ans de vie commune, elle répondait avec passion à ses avances. Il avait toujours trouvé qu'elle était la plus belle de toutes les actrices d'Hollywood avec ses cheveux noirs et ses yeux verts. Elle avait des yeux d'une couleur extraordinaire, il n'en avait jamais vu de semblables sauf chez Allison, leur fille. Lorsqu'on lui avait proposé un rôle à ses côtés dans une comédie, qui s'était avérée un véritable flop, il n'avait pu refuser. Même s'il savait que le film finirait sur une tablette. Il avait rencontré cette femme fascinante, intelligente qui avait de véritables valeurs familiales. Il l'avait demandé en mariage dès les premiers mois, tout comme Jerry, il n'avait pas perdu de temps. Il était un homme comblé, mais la seule chose qu'il déplorait, était le manque de temps seul avec sa femme. Le travail occupait une place capitale dans sa vie et la vie de famille était si importante, que leur couple passait souvent en dernier.

Quand il voyait Jerry avec sa Nina, il réalisait que leur vie à deux lui manquait... Ce soir-là, il voulut lui faire l'amour tendrement, mais lorsqu'elle répondit à ses baisers passionnément, un feu le consuma tout entier et il n'eut plus de cesse de lui prouver son amour. Carrie fut aux anges de retrouver son amant fougueux.

CHAPITRE 33

Loch Lomond

Le lendemain était un jour spécial, tradition oblige : soirée de filles au Spa et soirée pour les hommes au Cigar Lounge, le tout orchestré au chic Cameron House. Cécilia et Deirdre vinrent chercher Nina et Carrie. Juanita s'occuperait des enfants pour la soirée. Elles eurent droit à de multiples soins : enveloppement, massage sous la pluie, sauna, jacuzzi. Nina était complètement détendue et elle se dit que si elles s'attendaient à ce qu'elle fasse la fête, elles allaient être déçues...

Cécilia avait invité beaucoup de femmes, il s'agissait de cousines, tantes, belles-sœurs, amies de la famille, en fait elles étaient une bonne cinquantaine. Nina les avait rencontrées pour la plupart à la fête d'anniversaire de Jerry. Elles arrivèrent vers 18 h. Le repas fut servi dans une des salles de réception de l'hôtel, et fut un véritable enchantement pour leur palais. Le vin coulait à flots. Une multitude de cadeaux trônaient sur une table dans un coin de la salle. Elles installèrent ensuite Nina dans un grand fauteuil et s'ensuit un déballage en règle de tous les cadeaux avec photo à l'appui. Nina reçut toutes sortes de présents, parfois même farfelus et des cadeaux à caractère sexuel : dessous en dentelle rose et autres peccadilles. Elle reçut un plat de service en forme de pénis et les femmes rirent tellement que Nina en vint à douter de leur discernement.　Et enfin, pour clore la soirée, une soirée dansante s'ensuivit.

Elle eut beaucoup de plaisir avec Carrie qui avait bu plus que son lot et qui était très excitée. Nina quant à elle, ne toucha pas une goutte d'alcool. Carrie chantait, dansait, riait, bref, Nina ne l'avait jamais vue aussi émancipée. Carrie la maman et l'épouse était restée à la maison... En fin de soirée, Nina tenta de s'éclipser, croyant que personne ne le remarquerait.

Elle prit le couloir et se rendit à la réception de l'hôtel, Carrie l'avait suivi. Elle alla demander à la réceptionniste où était la soirée des hommes.

— Bonsoir, Mademoiselle. J'ai besoin de voir mon mari et j'aimerais savoir comment le retrouver.

— Bonsoir! répondit la jeune femme en souriant. Madame, je crois que je ne peux pas vous donner cette information... C'est strictement réservé aux hommes...

— Elle est enceinte et elle a des contractions, il faut qu'elle lui parle absolument! mentit Carrie.

— Je peux l'appeler, dites-moi son nom...

— Écoutez mademoiselle...

Soudain, un employé arriva derrière le comptoir :

— Demande à Andrew d'aller faire un tour au Lounge du sous-sol, il semble qu'un certain monsieur a commandé une bouteille de whisky hors de prix que nous gardons dans la réserve...

Carrie et Nina s'éclipsèrent rapidement, et la réceptionniste les regarda partir en souriant. Elle savait qu'il s'agissait de Carrie Roman, l'actrice américaine, ainsi que Virginia Grace. Elle savait *qui* elles voulaient retrouver. La direction de l'hôtel avait exigé leur discrétion absolue et avait promis un bonus pour garder le secret. Tout le monde savait depuis des mois que le mariage de Jerry Buchanan aurait lieu le 1er janvier, même à Helensburgh, tout le monde en parlait. Cependant, le mot s'était passé pour « garder le secret entre nous ».

Elles prirent l'ascenseur et suivirent les écriteaux pour le Lounge, rien de bien sorcier. Elles se retrouvèrent devant les portes vitrées. Elles se regardèrent, hésitantes. Carrie poussa la porte, Nina grimaça, la fumée de cigare lui piqua les yeux. Elles entrèrent, le Lounge était décoré dans des teintes de brun et vert, un décor typiquement masculin. Il y avait plusieurs tables de jeu, on entendait du jazz en sourdine tandis que les hommes riaient et parlaient fort.

341

Elles trouvèrent Jerry et Ethan qui buvaient du whisky et qui, péché mortel pour Nina, fumaient le cigare. Ils étaient à une table avec Andy, Glenn et Ian. Jerry était concentré sur son jeu, il jouait au poker et une pile de jetons se dressait devant lui. Ethan les aperçut le premier et tendit le bras en souriant à Carrie qui alla s'asseoir sur ses genoux et l'embrassa à pleine bouche. Surpris, il laissa tomber son jeu pour la serrer dans ses bras. Il ne l'avait jamais vu dans cet état, elle était pendue à son cou comme une véritable groupie. Ses yeux étaient d'un vert lumineux presque gris. Il rit tendrement, sa femme était saoule! Il répondit à ses baisers avec bonheur.

Jerry regarda Carrie avec surprise puis vit Nina. Il lui fit un grand sourire, lui prit la main et l'attira vers lui.

— *Muirnin...* Que fais-tu ici mon amour?

Sa voix était changée; plus grave, enrouée et plus traînante. Ses yeux étaient injectés de sang et il empestait le whisky et le cigare. Il l'embrassa impétueusement et elle fut surprise de sentir sa langue. Il la serra contre lui et caressa ses seins tout en l'embrassant.

— Jerry, pas ici...

Il se reprit aussitôt et quitta ses lèvres avec regret. Elle ne se rendait pas compte de l'effet qu'elle avait sur lui. Andy, Glenn et Ian avaient quitté la table, Carrie et Ethan continuaient de s'embrasser et Jerry tenait sa femme sur ses genoux.

— Ma chérie, veux-tu retourner à la maison? Je te ramène...

— Non, tu as beaucoup trop bu... Je tenais seulement à m'assurer que tu étais vraiment dans l'hôtel et en profiter pour venir t'embrasser... Je vais vous laisser continuer à jouer...

— Non, reste avec moi, ne me laisse pas *muirnin*... J'ai envie de toi... lui chuchota-t-il en la serrant contre lui et en l'embrassant encore avec sa langue.

Décidément, elle ne s'était pas attendue à le trouver comme ça. Elle ne l'avait jamais vu ivre; il était complètement obsédé. Elle sentait son corps d'homme en éveil et l'urgence qu'il avait de lui faire l'amour... Ses baisers et ses caresses ne tardèrent pas à éveiller ses sens et elle sentit rapidement monter l'excitation en elle. Puis elle se rappela qu'ils n'étaient pas seuls. Les hommes avaient continué à boire, fumer et jouer, mais ils leur jetaient des coups d'œil curieux et amusés. Carrie et Ethan avaient besoin d'une chambre sur le champ, car ils allaient devenir impudiques très bientôt. Elle les regarda, Jerry suivit son regard et cria :

— Ethan! Ethan!

Ce dernier lui jeta un regard de côté pendant que Carrie lui mordait la lèvre.

— Calme-toi bébé, lui dit-il tendrement. Elle mit son visage dans son cou en soupirant.

— Vous avez une suite réservée...

Il se tourna pour héler le serveur qui vint aussitôt.

— Rappelez-nous quelle suite occupent M et Mme Murray?

Ethan et Carrie se levèrent et quittèrent le Lounge. Elle était collée à lui et ils ne cessaient de se regarder dans les yeux. Ils prirent l'ascenseur et aussitôt la porte refermée, il l'appuya contre le mur. Il l'embrassa langoureusement et elle l'accueillit avec plaisir. Il lui caressa les seins et réussit à les dénuder. Il les embrassa à pleine bouche pendant qu'elle gémissait. Elle saisit rapidement son membre dans sa main impatiente. Il haletait de plaisir sous ses savantes caresses. Ils étaient complètement déchainés, sans aucune inhibition. Soudain, il se rappela qu'il était dans l'ascenseur d'un hôtel... Il lui sourit tendrement, remit ses seins dans sa robe et lui embrassa le bout du nez. Ding! la porte s'ouvrit.

Ils sortirent de l'ascenseur, marchèrent rapidement jusqu'à leur chambre et pendant qu'il tentait d'ouvrir la porte, elle se mit devant lui pour l'embrasser.

— Bébé... laisse-moi au moins déverrouiller la porte...

Il l'ouvrit enfin et la referma derrière eux aussitôt pendant que Carrie retirait ses vêtements et se mettait nue devant lui. Elle était tellement belle... Quand il l'avait vue venir vers lui dans le Lounge avec ce regard brillant et langoureux, il savait qu'il lui aurait fait l'amour sur le champ si elle le lui avait demandé. Il la prit dans ses bras pour l'amener jusqu'au lit où ils connurent l'extase et le plaisir de se retrouver complètement seuls au monde. Plus rien ne compta que leurs corps qui s'épousaient et célébraient l'amour d'un homme et d'une femme. Ethan le mari, le papa, l'acteur, il n'était plus rien de tout cela, il n'était que l'amant de sa belle.

Carrie et Ethan ayant quitté la salle, Jerry regardait Nina d'un air interrogateur.

— Est-ce qu'on retourne à la maison?

Il ne pensait qu'à lui faire l'amour...

— Non chéri, tu as trop bu. As-tu prévu une chambre pour nous aussi?

— Peut-être...

Il regardait sa bouche et approcha ses lèvres. Il l'embrassa doucement puis langoureusement comme à son habitude. Ouf! Ça devenait dangereux de jouer à ça avec lui...

— Allons dans une chambre...

Ils se levèrent et quittèrent le Lounge. Les hommes qui restaient se regardèrent, la plupart avaient leur femme dans une salle quelque part dans l'hôtel et probablement dans le même état que Carrie... Ils se levèrent et décidèrent d'aller les rejoindre pour finir la soirée. Quand ils arrivèrent dans le bar, on entendit les filles hurler et la soirée se termina en une fête générale que personne ne serait prêt d'oublier. La plupart étaient des couples et tous sans exception logeaient à l'hôtel, et ce pour les trois prochains jours.

Le lendemain, tous se retrouvèrent pour déjeuner dans la grande salle à manger qui offrait une vue superbe sur le loch. On était le 31 décembre, la veille du jour de l'an. Le reste des invités arrivaient ce jour-là. Une navette ferait l'aller-retour à l'aéroport de Glasgow à quelques reprises.

CHAPITRE 34

Loch Lomond, Écosse

Pour les Écossais, le Premier de l'an était sans aucun doute, la fête la plus importante de l'année. Traditionnellement, *Hogmanay* était une occasion de fêter en famille et entre amis la fin de l'année et ainsi accueillir la nouvelle. Ils auraient droit à un feu d'artifice au-dessus du loch à minuit.

Jerry, Nina ainsi que Carrie et Ethan retournèrent à *Buchanan House* après leur déjeuner à l'hôtel. L'ambiance était à la fête, tout le monde était fébrile. Nina en profita pour donner les présents qui restaient sous le sapin aux enfants et à leurs amis. La journée se déroula à toute vitesse, ils devaient retourner à Cameron House pour les festivités de la nouvelle année. Juanita les accompagnerait et s'occuperait des enfants. Ils reviendraient tous dormir à la maison du loch sauf Jerry, qui resterait à Cameron House. Les futurs époux ne pouvaient pas passer la nuit ensemble la veille du mariage. C'était la tradition et Nina accepta de s'y prêter même si Jerry rechignait à l'idée.

Lors de la soirée, Nina retrouva ses amis, Mariama, Alex et Lionel. Ils étaient venus expressément de l'Afrique pour le mariage. Ce fut un grand bonheur pour elle de voir tous leurs amis et proches réunis. Tout avait été organisé dans la plus pure tradition écossaise, menu et musique traditionnelle. Deirdre en profita pour lui présenter les membres de la famille O'Neil venus d'Irlande. Nina les trouva très chaleureux et sympathiques, elle les apprécia tout de suite. Il s'agissait des deux frères de Deirdre et de leurs épouses. Il y avait également nombre de cousins et cousines avec les conjoints et les enfants. La mère de Nina étant fille unique, il ne lui restait qu'une grand-mère qui à cause de son âge avancé n'avait pas fait le voyage. Jerry et elle avaient prévu d'aller en Irlande plus tard, et elle en profiterait pour aller la rencontrer. La soirée fut très réussie, Nina s'amusa comme une enfant. Il y avait un groupe de musiciens, leur répertoire était très varié, allant de U2 jusqu'à la musique traditionnelle, violons, guitare, cornemuse.

Tout le monde attendait les douze coups de minuit. Il y avait la coutume du « first footing ». Jerry lui avait expliqué que lors de la fête du Nouvel An, le premier visiteur qui passait la porte après minuit devait être un homme aux cheveux bruns. Le cadeau qu'il apportait aux maîtres de la maison revêtait une grande importance, traditionnellement cela devait être du whisky et du pain noir. Lorsque le décompte de minuit arriva, tous s'écrièrent « Bonne année ». Vint ensuite la tournée de bise et de souhaits. Les bouteilles de champagne étaient sabrées lorsque soudainement, les lumières s'allumèrent et tous se retournèrent pour fixer la porte de la salle. Lionel se tenait sur le seuil recouvert de neige avec une bouteille de whisky à la main. Il se dirigea vers Jerry, lui serra la main et lui remit la bouteille en cadeau. Tout le monde rit en lui serrant la main tour à tour, la tradition avait été respectée. Nina se doutait qu'il s'agissait d'une mise en scène, car pour ce qui est de l'homme brun, on ne pouvait pas mieux tomber!

Ils devaient sortir pour les feux d'artifice, l'hôtel avait prévu des couvertures pour ceux qui n'avaient pas leurs manteaux. La soirée se termina en beauté au petit matin, Nina ayant quitté avec Ethan, Carrie, Juanita et les enfants une heure après les feux d'artifice. Jerry avait trouvé difficile de la laisser partir pour leur maison et de ne pas l'y accompagner. Il l'avait longuement serrée dans ses bras et tendrement embrassée. Il aurait aimé aller la reconduire à la maison, mais ils savaient très bien tous les deux qu'il ne reviendrait pas à Cameron House... Malgré tout, il était heureux de retrouver tout son clan; sa famille, ses amis. Heureux qu'ils soient tous témoins de son bonheur, et surtout, heureux de pouvoir vivre tout ça dans l'intimité, sans les médias.

CHAPITRE 35
Loch Lomond, Écosse

Le matin du premier janvier, Nina se leva tôt. Elle prit un interminable bain, en profita pour se détendre et lava ses longs cheveux. Elle descendit à la cuisine, Juanita était déjà levée avec les enfants. Ils regardaient la télévision dans la cuisine tout en déjeunant. Juanita avait fait des crêpes à la demande des enfants.

— Bonjour, miss Nina.

— Bon matin, chère Juanita. Ils sont très chanceux d'avoir quelqu'un comme toi. Jerry veut qu'on prenne une nounou, mais je ne suis pas chaude à l'idée...

— Comment? Vous ne voulez pas? fit-elle surprise. Avec les deux bébés, vous n'aurez pas le temps de cuisiner et de tenir la maison miss Nina! Vous allez vous fatiguer pour rien. Vous allez avoir besoin de tout votre temps pour les bébés...

— Elle a raison ma chérie, dit Carrie en arrivant près de Nina. Avoir des enfants, ça ne rapproche pas un couple... Vous n'aurez plus de temps pour vous deux, crois-moi.

— Oui, écoute-la, renchérit Ethan. Jerry et toi, vous aurez besoin de vous retrouver tous les deux... Il embrassa sa femme sur la joue tendrement.

— Peut-être avez-vous raison...

— Tu n'as qu'à passer des entrevues, choisir une dame plus âgée qui sera discrète et qui connait bien les enfants, dit Carrie.

La coiffeuse et la maquilleuse arrivèrent vers dix heures, en même temps que la livraison de fleurs. Nina et Carrie ainsi que les fillettes furent coiffées tandis que les garçons se préparèrent avec leur père. La robe de mariée avait été suspendue dans la bibliothèque au bout de l'aile au deuxième étage, Jerry n'y avait pas mis les pieds depuis une semaine. Elle trônait au milieu de la pièce, suspendue au plafond, Carrie et Juanita la trouvèrent magnifique. Elles l'amenèrent dans la chambre de Nina.

Mariama et Alex venaient d'arriver, ils seraient présents pour les photos. Nina y tenait, avec Carrie, Ethan et les enfants, car ils étaient sa famille. Alors que Jerry avait plus de deux cents personnes de son côté! D'ailleurs, dans l'église Deirdre avait coordonné le tout afin que l'assistance soit divisée équitablement.

Mariama, Carrie et Juanita l'aidèrent à s'habiller. Mariama finissait d'attacher les minuscules boutons de perle au dos de la robe lorsque Zara et Allison entrèrent en trombe. Le photographe était arrivé. Nina se sentit soudain très nerveuse. Elle se regarda dans la glace, et aperçut le regard émerveillé de ses amies... Elle se tourna vers elles, Mariama essuyait ses larmes tandis que Carrie les laissait couler sans honte aucune.

— Ça y est mes amies, c'est à mon tour de connaître le bonheur, leur dit-elle la gorge serrée.

Elles la serrèrent dans leurs bras, Zara se jeta dans ses bras aussi. Nina voulait éviter les effusions de larmes pour ne pas défaire son maquillage.

— Je suis si heureuse, ma chérie... Je sais que Jerry va te rendre heureuse, c'est un homme merveilleux... Vous êtes faits pour être ensemble, je le sais depuis le début! dit Carrie en l'embrassant.

— Tu vas me manquer, lui dit Mariama, mais je suis vraiment heureuse pour toi. Tu le mérites... Attends qu'Alex te voie! Il va avoir une attaque... dit-elle en riant.

Ethan frappa à la porte, Juanita le laissa entrer. Il regarda Nina en souriant, son ami serait le plus heureux des hommes... Il tenait un cadeau et une enveloppe entre ses mains.

— Jerry m'a demandé de te remettre cela quand tu serais prête.

Ils sortirent tous pour la laisser déballer son cadeau. Elle ouvrit l'enveloppe d'abord. Elle lut la lettre en tentant de retenir ses larmes.

Ma chérie,

Je veux que tu saches que je t'aime plus que ma propre vie. Je suis vraiment comblé que tu aies accepté de devenir ma femme, tu feras de moi le plus heureux des hommes. Toute ma vie, je t'ai attendue. Malgré tout le bonheur que je pouvais vivre, il me manquait toujours quelque chose ou plutôt quelqu'un. Depuis que je t'ai rencontré, tu as comblé ce vide dans mon cœur et je me sens complètement heureux. Plus rien ne manque à mon bonheur. Tu es la femme de ma vie, celle que je chérirai jusqu'à ma mort, peu importe ce que la vie fera de nous. Je suis prêt à tout quitter pour toi, si tu me le demandes. Je suis sérieux muirnin, je te suivrai au bout du monde... Et que dire de nos enfants... Je les chérirai autant que toi. Je crois que leur naissance va complètement changer ma vie, même si je ne suis pas certain encore de quelle façon. Viens, me rejoindre mon amour, je t'attendrai impatiemment et lorsque tu apparaîtras devant moi dans cette église, je me donnerai à toi.

Je t'aime
Jerry

Elle pleura doucement, son petit mot l'avait touché au plus profond de son être. Il lui donnait le choix. Il avait acheté la Villa du Soleil et lui disait qu'il quitterait tout pour elle. Elle l'aimait tellement, elle voulait son bonheur, leur bonheur. Elle réalisa qu'elle ne voulait pas qu'il quitte tout pour elle, elle voulait vivre et élever leurs enfants ici, au Loch Lomond. Cette maison leur était destinée. Il pourrait continuer à faire son métier qu'il aimait et ils pourraient aller travailler au Niger lors des étapes cruciales du projet.

Elle déballa son cadeau, il s'agissait d'une immense perle noire garnie d'un ruban de diamants et montée sur une chaîne en or. Il y avait autre chose dans la boîte, un dépliant touristique de Tahiti, avec une petite note manuscrite : « Bora Bora, une petite maison sur pilotis, toi et moi seuls pendant deux semaines... ». Elle sourit et mit le tout dans le coffre de la penderie avant de sortir de la chambre.

Elle descendit les escaliers fièrement, consciente de son effet. Le photographe profita de l'occasion, lui demanda de descendre tout doucement. Elle n'avait même pas besoin de penser à sourire, le bonheur transpirait par ses pores de peau, elle rayonnait. Alex était complètement subjugué, il sentit l'émotion le gagner, sa Nina allait se marier. Elle était si belle, il n'y avait pas de mots. Il s'avança vers elle et la serra dans ses bras. Il avait les larmes aux yeux, Nina le regarda en souriant et fut surprise.

— Nina, voir ton bonheur ça me bouleverse, je suis tellement content! Il la serra dans ses bras encore une fois. Tu vas me manquer, nous avons été ensemble pendant des années... C'est difficile, mais je vais m'y habituer...

Ils posèrent en souriant pour le photographe. Une limousine blanche était garée dans l'allée et ils y embarquèrent tous ensemble. Le ciel demeurait nuageux, mais des parcelles de soleil semblaient la suivre.

— Es-tu nerveuse? lui demanda Carrie.

Tout le monde la regardait.

— Non. J'ai seulement hâte de le voir...

Ils sortirent de la limousine, elle était la dernière. Ethan alla voir à l'intérieur de l'église puis revint.

— Il t'attend...

Elle sentit son cœur battre plus fort, oui il l'attendait... Nina retira sa cape de fourrure et la tendit à Mariama. Elle se mit devant la grande porte avec Zara. Elle allait faire son entrée accompagnée de la petite, il comprendrait la signification. Zara portait une robe à crinoline blanche en taffetas avec un panier de roses rouges. Le bouquet de Nina était fait de roses rouges dans lesquelles on avait piqué des perles de nacre. Elle attendit impatiemment qu'on ouvre la porte.

Jerry n'en pouvait plus, il lui semblait que ça faisait une heure qu'il était planté là quand enfin, il vit Ethan entrer. Son cœur s'emballa, elle était arrivée. Le silence se fit dans l'église puis la musique débuta et ils ouvrirent la grande porte. Elle apparut et riva ses yeux sur lui. Il ressentit tout son amour pour elle monter en lui et les larmes lui piquèrent les yeux. Elle s'avançait avec Zara son petit soleil...

Nina éprouva une vive émotion quand la porte s'ouvrit et qu'elle le vit devant l'autel. Il portait un kilt comme dans son rêve, mais elle reconnut son Jerry, son homme. Il la regardait d'un air très sérieux. Elle ne pouvait cesser de sourire, il finit par répondre à son sourire. Il alla à sa rencontre et prit Zara dans ses bras avant de se pencher vers elle pour l'embrasser chastement sur la joue. Elle sourit de plus belle, peu habituée à cette retenue. Il déposa ensuite Zara qui alla retrouver les bras de son père qui l'attendait.

Lors de l'échange des vœux, le célébrant leur noua les mains avec un ruban aux couleurs du tartan des Buchanan. Leur baiser fut long et langoureux. Ils sortirent de l'église triomphalement main dans la main, saluant l'assistance et se regardant dans les yeux tout le long de l'allée jusqu'à la sortie. S'ensuivit la traditionnelle photo de groupe sur le perron de l'église. Il y avait une foule de curieux attirés par les cloches qui sonnaient du haut du clocher.

La salle de bal était magnifique, le rouge et l'or étant omniprésents. Le tartan des Buchanan était rouge et jaune doré, vif comme un rayon de soleil. Pendant le repas, ils devaient se lever pour s'embrasser constamment. L'assistance en redemandait toujours et ils se faisaient un plaisir de répondre à leurs incessantes demandes. D'ailleurs, Nina trouvait que Jerry allongeait toujours leur baiser... Alors qu'ils se rasseyaient, elle glissa la main sous son kilt et réalisa soudainement qu'il était nu... Elle le regarda surprise, elle n'avait pas pensé à cela avant... Heureusement, car elle aurait eu de la difficulté à résister pendant le trajet en limousine de l'église à Cameron House. Elle lui sourit et s'approcha de son oreille :

— Tu ne portes rien en dessous...

Il la regarda avec un regard de braise.

— Non et si tu ne retires pas ta main, je ne réponds plus de mes actes...

Il lui donna un baiser et elle ne put s'empêcher de le caresser furtivement.

— Vous jouez à un jeu dangereux, Madame Buchanan...

— Nous n'avons qu'à nous éclipser...

— Eh! Les amoureux, calmez vos ardeurs la soirée n'est pas terminée, leur dit Ethan en riant.

Jerry avait réservé un chalet retiré sur le domaine de Cameron House pour leur nuit de noces. Après avoir fait leurs adieux, ils sortirent dans le hall et il lui mit la cape de fourrure sur les épaules. Ils marchèrent jusqu'au chalet. Tout avait été préparé, des chandelles avaient été allumées avec une bouteille de champagne au frais sur la table de la salle à manger.

Jerry eut beaucoup de difficulté à défaire les boutons de perles, Nina sentait son impatience, mais elle n'y pouvait rien. Quand il eut terminé, elle se tourna vers lui et lui mit les mains sur les fesses sous son kilt.

— Mmm, ça fait des heures que je rêve d'y mettre mes mains... Quand je me suis rendu compte que tu étais nu en dessous, j'ai failli perdre la tête.

— Mais je croyais que tu étais au courant, c'est un fait notoire que les hommes sont nus sous leur kilt...

Elle caressa ses fesses, glissa ses mains sur ses hanches et vit le renflement de son érection. Mutine, elle saisit son membre érigé en le fixant d'un air langoureux. Il lui retira sa robe de mariée, elle ne portait qu'un soutien-gorge et son string quand il la prit dans ses bras pour la déposer sur l'immense lit de bois. Ils s'embrassaient passionnément, elle défit les boutons de sa chemise, qu'il retira rapidement. Il se retrouva nu avec son kilt, elle le contempla avec ravissement, il était tellement sexy... Ils firent l'amour follement.

— Je t'aime Jerry Buchanan et je suis heureuse d'être ta femme. Je veux faire l'amour avec toi tous les jours de ma vie... lui chuchota-t-elle à l'oreille. Tu me combles totalement.

— Je t'aime, *muirnin*. Je te promets de te faire l'amour tous les jours de ta vie selon tes désirs... dit-il ses lèvres contre sa joue.

Il reposait sur le dos, sa nouvelle épouse contre lui. Elle le regarda tendrement, le menton sur son torse.

— Je ne veux pas que tu quittes toute ta vie pour moi, mon chéri... Je veux élever nos enfants ici. Nous irons avec toi en Californie le temps nécessaire et s'il le faut, nous te suivrons dans tes tournages...

— Et le Niger?

— J'irai avec toi dans les étapes cruciales du projet. Je n'ai pas besoin d'être tout le temps présente, mon rôle a changé dans toute cette histoire... Et c'est bien comme ça. Je t'aime et c'est toi que j'ai choisi... Mais je veux te dire merci de m'avoir laissé le choix... Mais je ne veux pas que les décisions se prennent dans mon simple intérêt... Nous allons être quatre très bientôt et je veux que nos décisions soient menées par notre famille.

— Tu as raison, *muirnin*, les enfants seront notre priorité...

CHAPITRE 36
Loch Lomond, Écosse

Ils étaient de retour au Loch Lomond suite à leur lune de miel. Ils devaient aller à Los Angeles pour la remise des Golden Globes, qu'on disait être la pratique pour la soirée des Oscars qui aurait lieu en février. Elle était enceinte de plus de 36 semaines et ils ne savaient pas s'ils pourraient assister à la soirée des Oscars... C'est pourquoi ils avaient décidé d'aller à la remise des Golden Globes. Ethan était en nomination pour son rôle principal dans un drame policier adapté d'un polar suédois.

La veille de leur départ pour Los Angeles, ils étaient installés dans le solarium. Nina sortit du Jacuzzi et enfila un peignoir. Elle avait commencé à sentir des contractions, son ventre se durcissait. Elle rassura Jerry, ce n'était pas du vrai travail puisqu'en sortant des remous, les contractions avaient cessé. Elle se dirigeait vers la salle de bain, lorsqu'elle sentit un liquide chaud couler entre ses cuisses. Pendant un instant, elle crut qu'elle urinait, mais elle dut bien admettre que ses membranes venaient de se rompre... Une véritable panique s'empara de Jerry. Il alla chercher des serviettes pour éponger le tout et appela l'hôpital. Nina savait qu'elle devait s'y rendre rapidement, car l'accouchement était imminent.

Ils se rendirent donc à l'hôpital d'Alexandria une petite ville tout près du Loch Lomond, à peine quinze minutes de voiture. Jerry remplit la paperasse pendant que les infirmières lui installaient le moniteur fœtal. Elle passa une échographie qui fut rassurante, les petits amours allaient très bien et ils étaient bercés par des contractions qui les pousseraient tranquillement vers le monde extérieur.

Jerry fit preuve d'une patience d'ange, elle apprécia grandement son support silencieux. La petite fille fut la première à sortir, Nina poussait depuis une heure quand une petite tête brune sortit suivie des épaules. Jerry pleura à chaude larme en embrassant sa femme. L'infirmière montra le bébé à sa maman et amena la petite sur une table d'examen chauffée par une lumière. Jerry la suivit véritablement émerveillé, elle pleurait d'une voix rauque. Puis, il dut revenir rapidement auprès de Nina qui expulsait leur petit garçon. Ils pleurèrent de joie tous les deux, tout s'était déroulé à merveille les deux bébés allaient très bien.

Ainsi naquirent Catherine Maddison Buchanan et Alistair Liam Buchanan le 20 janvier tôt en matinée. Jerry fit les appels pour aviser leurs proches. Les bébés pesaient presque deux kilos chacun, et étaient en pleine forme. Nina voulut les allaiter tout de suite après la naissance, l'infirmière l'aida à installer les nourrissons de chaque côté. Jerry était sans voix, l'image resterait à jamais gravée dans sa mémoire : Nina nue jusqu'à la taille avec un bébé à chaque sein en train de boire doucement. Ils étaient tout simplement magnifiques. L'émotion était à son comble, il ne put retenir ses larmes.

— Ça va mon chéri? demanda-t-elle surprise.

— Oui *muirnin*, je pleure de bonheur... Vous êtes merveilleux tous les trois, je n'ai jamais rien vu d'aussi beau!

Nina quant à elle, était peu émotive, la fatigue l'ayant rendue un peu déconnectée de la réalité. Elle avait ses bébés dans les bras, mais elle ne réalisait pas encore totalement ce qui lui arrivait. Elle les regarda avec curiosité, ils étaient assez joufflus pour des jumeaux, avec la peau rouge et de fins cheveux brun pâle. En ce moment, la petite Maddison avait cessé de téter et regardait sa maman en levant la tête.

— Mon dieu, qu'elle est forte, elle soulève sa tête complètement! Elle te regarde... s'émerveillait Jerry qui s'était avancé tout près de Nina.

— Bonjour, mon amour... dit Nina doucement.

Elle sentit une bouffée d'amour monter en elle et ses yeux se remplirent de larmes. Elle regarda le petit Liam qui avait réagi au son de leur voix et qui regardait sa maman et son papa. Elle sut alors que plus rien d'autre ne compterait que leur bien-être et leur bonheur. Elle regarda son époux et comprit qu'elle l'aimait encore plus. Il souriait et caressait leurs petits amours. Il la regarda dans les yeux.

— Merci mon amour… de tout ce bonheur que tu m'apportes… Je t'aime!

CHAPITRE 37

Loch Lomond, Écosse

Le projet de film sur la vie de Nina suivait son cours et en juin Jerry retourna à Los Angeles afin de régler certains détails. Il produirait le film, mais il avait confié la réalisation à Mark Rodnick avec qui il avait travaillé pour *Rafales*. Ce dernier était très enthousiasmé par le projet et lorsqu'il avait fait la rencontre de Nina, il était véritablement tombé sous son charme. Il irait prospecter en Colombie pour des lieux de tournage et évidemment en Afrique. Il avait besoin de voir la Sierra Leone et le Niger, car il voulait véritablement s'imprégner du climat et des gens. Il avait choisi de finir son expédition à Niamey, ce qui laisserait encore plusieurs semaines à Nina pour se faire à l'idée de laisser les jumeaux. Nina et Jerry iraient le rejoindre au Niger. Ce serait le bonheur pour elle de retourner à la Villa du Soleil et à l'Hôpital de l'Espoir revoir son petit monde.

Depuis quelques jours, des travaux de construction avaient débuté à la maison du loch. Jerry avait pour dessein de faire construire une autre section à la maison afin d'y installer une piscine intérieure. Ian, le mari de Cécilia était chargé du projet. Jerry connaissait la plupart des travailleurs et passait la majorité de son temps à superviser les travaux. Nina le soupçonnait d'y prendre beaucoup de plaisir.

Elle était descendue au sous-sol, car elle était dévorée par la curiosité. Pour les travaux de la piscine, ils avaient dû sortir la vieille chaudière afin d'installer le nouveau système de géothermie qui réchaufferait la maison et l'eau de la piscine. Les hommes avaient découvert une petite pièce derrière le mur de la chaudière où se trouvaient de vieux objets, dont un coffre de bois très ancien. Nina était impatiente de voir ces nouvelles découvertes. Jerry la suivit, sachant qu'elle serait emballée…

Ils ouvrirent le coffre à l'aide d'un outil, car la serrure était rouillée. À l'intérieur, ils trouvèrent une robe jaunie emballée dans une étoffe avec deux peignes en nacre et un morceau de tartan. Il y avait également un sporran, un kilt, un livre manuscrit, et des lettres. Cela semblait être un journal écrit en gaélique ou en anglais... Nina était émerveillée.

— Je crois que c'est une robe de mariée… avec le ruban de tartan pour lier les mains… comme dans mon rêve. Qu'y a-t-il d'écrit dans le journal?

— Erlina O'Neil et William Buchanan 1er juin 1745, je pense que c'est le journal de la Lady du tableau… Et ce sont des lettres de correspondance entre la Lady et Laird William…

Nina ouvrit grand les yeux, quelle trouvaille! Un véritable trésor.

— Des lettres d'amour... Es-tu capable de lire?

— Pas vraiment, dit-il en fronçant les sourcils, c'est difficile je ne comprends pas tous les mots, mais je pense qu'on peut trouver quelqu'un qui pourrait le faire... Un ami de ma mère est professeur d'histoire et il pourrait le transcrire. On va le lui demander. Et cette Lady était irlandaise, une O'Neil...

Il leva les yeux vers elle, elle était véritablement excitée. Il sourit et l'embrassa.

— C'est bizarre... Je suis une O'Neil moi aussi...

Elle le regarda pensive. Tout cela était très intrigant...

— Tout compte fait, je suis bien contente, je vais enfin connaître l'histoire de notre maison. Même si je trouve certains détails assez troublants...

Elle pensait aux propos tenus par Alicia Fraser, tout la portait à croire que peut-être, elle avait raison...

— Notre maison s'appelle *Buchanan House*... plus modeste que le château... *Buchanan Castle* a été détruit par les flammes en 1746 et je crois que le Laird n'avait pas les moyens de le reconstruire si gros et si fastueux. Il parait que le château était vraiment somptueux avec des tourelles à chaque coin et une grande cour intérieure où était sise une petite église.

Ils remontèrent au rez-de-chaussée avec leurs trouvailles. Nina serrait le journal et les lettres sur son cœur et elle avait hâte de découvrir tout ce qui y était écrit... Il retourna superviser les travaux ou plutôt jaser avec son beau-frère et Nina monta à sa chambre. Elle avait la nausée depuis quelques jours, elle n'était pas certaine, mais cela lui rappelait quelques souvenirs... Elle avait acheté un test de grossesse, mais elle hésitait à le faire. Elle ne savait pas comment Jerry réagirait s'il s'avérait positif... Elle attendit le cœur palpitant, positif! Elle se mordit la lèvre.

Les travailleurs étaient partis ainsi que Ian. Nina en fut soulagée parce que depuis le début des travaux, Jerry invitait Ian à dîner tous les jours et il avait accepté à quelques reprises. On était vendredi et Emma, la nounou, avait congé pour le week-end et serait de retour seulement lundi, ils seraient donc complètement seuls... Ils dînèrent calmement et pour une fois, les bébés étaient restés tranquilles dans leur balançoire ce qui leur permit d'apprécier leur repas. Jerry remarqua que Nina picorait encore dans son assiette.

— Tu n'as pas faim, *muirnin*?

— Non… j'ai un peu la nausée…

Il la regarda d'un air soupçonneux. Elle lui sourit et vint s'asseoir sur ses genoux. Elle mit ses bras autour de son cou et l'embrassa doucement sur les lèvres. Il attendit.

— Jerry, mon amour, je suis enceinte!

Il rit et la serra dans ses bras.

— Je t'aime, *muirnin*… il l'embrassa et la regarda dans les yeux en souriant. Il va vraiment falloir penser à un véritable moyen de contraception!

À SUIVRE…

Retrouver vos personnages favoris dans **Murmures du passé**, la suite des aventures de Nina et Jerry. La découverte du journal de Lady Erlina, jeune irlandaise débarquée en Écosse en avril 1745, va les plonger dans un récit palpitant et leur révéler enfin la raison pour laquelle le clan Buchanan du Loch Lomond n'a pas participé à la bataille de Culloden.

Merci chers lecteurs et à bientôt!

Partagez vos commentaires et venez en apprendre plus sur l'œuvre au :

https://www.facebook.com/suzanne.fontaine.auteure

Murmures du passé, Nina tome 2

Janvier 2016   sur   http://www.amazon.ca